DK TOP 10

VALENCIA

KEITH DREW

Highlights

Themen

Inhalt

Stadtteile

Reise-Infos

Die TOP10-Listen in diesem Buch sind nicht nach Rängen oder Qualität geordnet. Alle zehn Einträge sind in den Augen des Herausgebers von gleicher Bedeutung.

Umschlag Vorderseite, Buchrücken & Titelseite CaixaForum València in der Ciudad de las Artes y les Ciencias **Umschlag Rückseite, im Uhrzeigersinn von links oben** Hochaltar in der Catedral de Valencia, Centro Histórico im Sonnenuntergang, Kitesurfer an der Playa de les Palmeres, Blick auf El Miguelete und die Catedral de Valencia

Die Informationen in diesem TOP10-Reiseführer werden regelmäßig aktualisiert.

Angaben wie Telefonnummern, Öffnungszeiten, Adressen, Preise und Fahrpläne können sich jedoch ändern. Der Verlag kann für fehlerhafte oder veraltete Angaben nicht haftbar gemacht werden. Für Hinweise, Verbesserungsvorschläge und Korrekturen ist der Verlag dankbar. Bitte richten Sie Ihr Schreiben an:

Dorling Kindersley Verlag GmbH
Redaktion Reiseführer
Arnulfstraße 124 • 80636 München
reise@dk.com

RENT A BIKE
PRICES
RECEPTION
RENT A BIKE

Willkommen in Valencia

Valencia lockt nicht nur mit großartiger Lage am Meer und in der fruchtbaren Region La Huerta, die Stadt bietet auch einen einzigartigen Mix aus mittelalterlichen Straßen, Jugendstil und futuristisch anmutender Architektur. Für weiteren Reiz sorgen die fantastische Küche und das legendäre Nachtleben. Mit diesem Reiseführer können Sie all das auf eigene Faust erkunden.

Die Stadt wirkt kompakt und anheimelnd – beim Bummel durch die Altstadtviertel könnte man glatt vergessen, dass Valencia eine dynamische, innovative Metropole ist. Das **Centro Histórico** ist ein Gewirr kleiner Straßen, das sich im **Barrio del Carmen** verdichtet. Im noblen **L'Eixample** säumen elegante Boutiquen die Boulevards, im angesagten **Ruzafa** mischen sich kreative Restaurants unter die zahlreichen Vintage-Shops und gleich bei **El Cabanyal**, dem alten Fischerviertel mit den bunt gefliesten Häusern und dem charmant schäbigen Flair, findet sich einer der besten Stadtstrände Spaniens.

Sowohl die **Catedral de Valencia**, wo romanische bis barocke Stilelemente von der langen Geschichte zeugen, als auch das **Museo Nacional de Cerámica** muss man gesehen haben. Der **Jardín del Turia**, beispielhaft für Valencias Wandlungsfähigkeit, lädt zu Radtouren ein. Am schönen **Mercado Central** wird Einkaufen zum Erlebnis, während die **Ciudad de las Artes y las Ciencias** mit spannender Architektur und einem tollen Kulturangebot besticht.

Ob Sie eine Woche oder nur ein Wochenende planen: Unser TOP**10** *Valencia* führt Sie zu den schönsten Attraktionen der Stadt – von der **Parroquia San Nicolás** mit ihren Deckenfresken bis zur UNESCO-Welterbestätte **La Lonja de la Seda**. Hinzu kommen nützliche Tipps, wie man Valencia zum Nulltarif genießt oder Besucherströme meidet, sowie übersichtliche Routenvorschläge, die Sie in kurzer Zeit zu möglichst vielen Sehenswürdigkeiten führen. Schöne Fotos und detaillierte Karten komplettieren den handlichen und unverzichtbaren Reisebegleiter. **Viel Spaß mit dem Buch. Viel Spaß in Valencia.**

Im Uhrzeigersinn von oben: **Auf dem Kathedralenturm El Miguelete, Eingang des Mercado Central, Ubik Café, Palacio del Marqués de Dos Aguas, Museo de Bellas Artes und Jardín del Turia, Detailansicht des Museu de les Ciències, Street-Art am Hostel Bed & Bike**

Valencia entdecken

Historische Sehenswürdigkeiten und Museen, zeitgenössische Architektur, dörfliche Vororte in den umliegenden Hügeln – in und um Valencia gibt es wahrlich viel zu entdecken. Hier finden Sie Ideen für einen zwei- und einen viertägigen Aufenthalt in der schönen Stadt.

Das Museo de Bellas Artes besitzt eine herausragende Sammlung mittelalterlicher Kunst mit prächtigen Altarbildern.

Zwei Tage in Valencia

Tag ❶

Vormittags
Verschaffen Sie sich auf den **Torres de Quart** einen Überblick über den **Barrio del Carmen** *(siehe S. 12f)*, bevor Sie die **Parroquia de San Nicolás** besuchen und durch das Gewirr mittelalterlicher Gassen bummeln.

Nachmittags
Über den Puente de la Trinidad geht es dann zum **Museo de Bellas Artes** *(siehe S. 30–33)*, wo Sie die Arbeiten von Joaquín Sorolla und anderen Künstlern aus Valencia bewundern können. Anschließend spazieren Sie noch ein wenig – typisch valencianisch – im benachbarten **Jardín del Turia** *(siehe S. 22f)*.

Tag ❷

Vormittags
Besuchen Sie die **Catedral de Valencia** *(siehe S. 14–17)* des 13. Jahrhunderts und schlendern Sie weiter zu **La Lonja de la Seda** *(siehe S. 20f)*. Die verdiente Stärkung bietet dann die schöne Central Bar im **Mercado Central** *(siehe S. 18f)*.

Nachmittags
In der futuristischen **Ciudad de las Artes y las Ciencias** *(siehe S. 26–29)* erwarten Sie ein Wissenschaftsmuseum, ein Film im Hemisfèric und ein Cocktail in L'Umbracle Terraza.

Vier Tage in Valencia

Tag ❶

Vormittags
Erfrischt von einer *horchata*, dem leckeren Getränk aus Erdmandeln, in der **Horchatería Santa Catalina** *(siehe S. 84)* besichtigen Sie die **Catedral de Valencia** *(siehe S. 14–17)*.

Nachmittags
Stärken Sie sich irgendwo im Centro Histórico mit Tapas, spazieren Sie durch die **Jardines del Real** *(siehe S. 104)* und gehen Sie ins **Museo de Bellas Artes** *(siehe S. 30–33)*. Abends besuchen Sie eine Flamenco-Show im **Café del Duende** *(siehe S. 106)*.

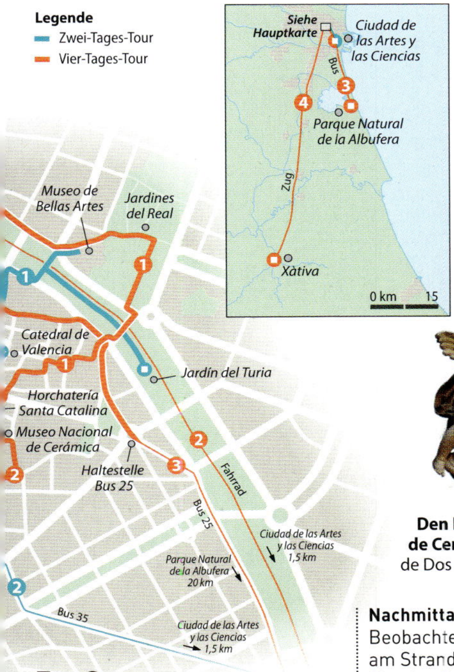

Den Eingang des Museo Nacional de Cerámica im Palacio del Marqués de Dos Aguas schmücken Skulpturen.

Tag ❷

Vormittags

Genießen Sie den Morgentrubel am **Mercado Central** *(siehe S. 18f)*, bevor Sie das **Museo Nacional de Cerámica** *(siehe S. 88)* im barocken Palacio del Marqués de Dos Aguas erkunden.

Nachmittags

Der Weg zur Metro-Station Xàtiva führt an der **Plaza del Ayuntamiento** *(siehe S. 51)* mit ihren Prachtbauten vorbei. Die Fahrt geht bis zur Station Túria. Leihen Sie sich bei Valencia Bikes Räder aus, um durch den lang gestreckten **Jardín del Turia** *(siehe S. 22f)* zur **Ciudad de las Artes y las Ciencias** *(siehe S. 26–29)* zu fahren.

Tag ❸

Vormittags

Der Tag beginnt mit der Erkundung von **La Lonja de la Seda** *(siehe S. 20f)* und **Barrio del Carmen** *(siehe S. 12f)*. Mit Buslinie 25 geht es zum **Parque Natural de la Albufera** *(siehe S. 36f)*, wo Sie in El Palmar essen können.

Nachmittags

Beobachten Sie Vögel, relaxen Sie am Strand von El Saler und machen Sie eine Bootsfahrt auf dem See.

Tag ❹

Vormittags

Ein Zug bringt Sie von der **Estación del Norte** *(siehe S. 95)* nach **Xàtiva** *(siehe S. 38f)* mit seiner Burg.

Nachmittags

Beim Bummel durch Xàtivas Altstadt lohnen das Museo del Almodí und die Colegiata Basílica de Santa María einen Besuch.

An der Westseite der Plaza del Ayuntamiento steht das klassizistische Rathaus.

Highlights

Die reich verzierte Fassade der Catedral de Valencia

TOP 10 Highlights

Die drittgrößte Stadt Spaniens hat Museen von Weltrang, berühmte Fiestas, eine lebhafte Restaurantszene, tolle Shoppingmeilen und nicht zuletzt einen der besten Stadtstrände Europas zu bieten. In unmittelbarer Umgebung kann man in den Feuchtgebieten des Parque Natural de la Albufera Vögel beobachten, Boot fahren und großartige Paella-Restaurants besuchen.

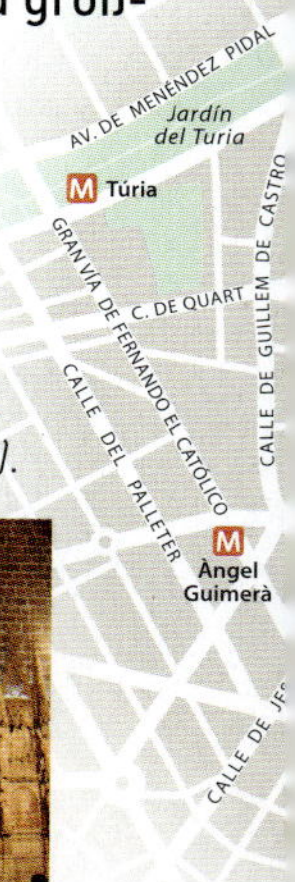

1 Barrio del Carmen

Im engen Gassenlabyrinth des Altstadtviertels – umrahmt von den Resten der Stadtmauer – sind neben alten Kirchen auch schöne Kunstgalerien und trendige Vintage-Boutiquen zu entdecken *(siehe S. 12f)*.

2 Catedral de Valencia

Die Kathedrale von Valencia vereint Architekturstile mehrerer Jahrhunderte. Die Capilla del Santo Cáliz hütet kostbare Schätze – angeblich auch den Kelch vom Letzten Abendmahl Jesu Christi *(siehe S. 14–17)*.

3 Mercado Central

Feinschmecker schätzen das breite Angebot an Fisch, Meeresfrüchten, Schinken, Gemüse und exotischen Früchten. Die im *modernismo valenciano*, dem hiesigen Jugendstil, erbaute Markthalle ist die größte ihrer Art in Europa *(siehe S. 18f)*.

4 La Lonja de la Seda

Kein anderes Bauwerk verkörpert Valencias künstlerische Blüte im 15. und 16. Jahrhundert besser als die gotische Seidenbörse – Ausstellungsort und UNESCO-Welterbe *(siehe S. 20f)*.

5 Jardín del Turia

Der Park im alten Flussbett des Río Turia ist Valencias bevorzugtes Grün zum Spazieren, Radfahren oder Joggen *(siehe S. 22f)*.

6 Ciudad de las Artes y las Ciencias

Verrückt, verblüffend, wegweisend, riesig – so präsentiert sich Santiago Calatravas »Stadt der Kunst und der Wissenschaften« *(siehe S. 26–29)*.

7 Museo de Bellas Artes

Der Colegio-Seminario de San Pío V aus dem 17. Jahrhundert bildet den perfekten Rahmen für die schöne Sammlung gotischer Kunst aus Valencia und die Gemälde von Joaquín Sorolla *(siehe S. 30–33)*.

8 Las Fallas

Mindestens seit den 1750er Jahren feiern die Valencianer den Beginn des Frühlings mit diesem verrückten Fest. Ein Jahr lang arbeiten die Künstler an ihren karikaturesken Fallas-Figuren – nur um sie dann am 19. März zu verbrennen *(siehe S. 34f)*.

9 Parque Natural de la Albufera

Der Naturpark umfasst Feuchtgebiete, einen See, Lagunen, Reisfelder und Dünen *(siehe S. 36f)*.

10 Xàtiva

Die malerische Stadt mit den engen Gassen und der Höhenburg, die einen umwerfenden Panoramablick bietet, ist ein wunderbares Ziel für einen Tagesausflug *(siehe S. 38f)*.

TOP 10 Barrio del Carmen

Den ältesten und wohl stimmungsvollsten Stadtteil im Nordwesten des Centro Histórico durchzieht ein Labyrinth aus engen Straßen und Gassen. Der gut 1000 Jahre alte Barri del Carme – so der valencianische Name – hat sich ein reizvolles mittelalterliches Flair bewahrt und ist heute eines der angesagtesten Viertel der Stadt. In die einst maroden Gebäude sind Cafés und Restaurants eingezogen, zahlreiche Bars und Clubs sorgen für ein pulsierendes Nachtleben.

Typische Straßenszene

1 Torres de Quart

Vorbild für das Tor aus dem 15. Jahrhundert, das noch Einschüsse aus den napoleonischen Kriegen zeigt, war Neapels Castell Nuovo. Die Aussicht von oben ist grandios.

2 L'ETNO (Museo de Etnología)

Das L'ETNO im Centro Cultural La Beneficència widmet sich der hiesigen Kultur und Gesellschaft; 2023 war es Europäisches Museum des Jahres.

3 Casa Museo Benlliure

Das Haus des Malers José Benlliure y Gils (1858–1937) vermittelt Besuchern ein Gefühl, wie es sich im 19. Jahrhundert in Valencia so lebte. Auch Werke des Künstlers sind zu sehen.

4 Portal de la Valldigna

Das 1400 erbaute Tor gehört zu den wenigen noch erhaltenen Teilen der Stadtmauer. Es führte vom arabischen Viertel ins Stadtzentrum.

5 Parroquia de San Nicolás

Die gotische Kirche aus dem 15. Jahrhundert liegt etwas versteckt bei der Calle de Caballeros. Die mit Fresken aus dem 17. Jahrhundert verzierte Gewölbedecke brachte ihr den Beinamen »Valencias Sixtinische Kapelle« ein. Nach der Entfernung von Kerzenruß aus 200 Jahren erstrahlt der Innenraum nun wieder *(links)*.

6 Torres de Serranos

Der Bau mit den zwei Türmen *(links)* stammt aus dem späten 14. Jahrhundert und diente als nördliches Stadttor. Die zugehörige Stadtmauer wurde 1865 abgerissen.

7 Museo del Corpus

Das Museum in der Casa de las Rocas präsentiert Skulpturen und die *rocas* (Felsen) genannten Festwagen mit biblischen Figuren, die seit 1355 bei der traditionellen Fronleichnamsprozession zum Einsatz kommen.

8 Centre del Carme

Das Kloster, das dem Viertel den Namen gab, dient nun als Kulturzentrum, in dem Konzerte, Filmvorführungen, Vorträge und Kunstausstellungen geboten werden.

9 Calle de los Colores

Die Mauern in der Calle de Moret zieren Bilder valencianischer Street-Art-Künstler wie Luis Lonjedo und Deih – u. a. *Bridge in Venice* und *Kiss*.

La Casa de los Gatos

Das doch recht ungewöhnliche Haus, das auf halber Strecke in der Calle Museo in eine Mauer gebaut ist, passt sehr gut zum unkonventionellen Flair des Viertels: Es ist nur etwa einen Meter hoch, doch mit Balkon, Ziegeldach und kleinem Brunnen ausgestattet. Angeblich wurde das »Katzenhaus« vom ehemaligen Besitzer als ein Refugium für Valencias streunende Stadtkatzen hinterlassen.

10 Institut Valencià d'Art Modern (IVAM)

Spaniens erstes Museum für moderne Kunst *(oben)* wurde 1989 gegründet. Im Fokus stehen Skulpturen des Kubisten Julio González (1876–1942) und Bilder des Impressionisten Ignacio Pinazo (1849–1916).

Infobox

Karte K1

Torres de Quart: Plaza Santa Úrsula ■ +34 963 525 478 ■ Di–Sa 10–19 Uhr, So 10–14 Uhr ■ Eintritt 2 €, So frei

L'ETNO (Museo de Etnología): c/Corona 36 ■ +34 963 883 579 ■ Di–So 10–20 Uhr ■ Eintritt frei ■ https://letno.dival.es

Casa Museo Benlliure: c/Blanquerías 23 ■ +34 963 911 662 ■ Di–Sa 10–14 & 15–19 Uhr, So 10–14 Uhr ■ Eintritt 2 €, So frei

Parroquia de San Nicolás: c/Caballeros 35 ■ +34 963 913 317 ■ Di–Fr 10.30–19 (Juli–Sep: bis 20.30), Sa 10.30–18.30, So 13–20 Uhr ■ Eintritt 7 € (erm. 6 €), unter 12 Jahren frei ■ www.sannicolasvalencia.com

Torres de Serranos: Plaza de los Fueros ■ +34 963 919 070 ■ Di–Sa 10–19 Uhr, So 10–14 Uhr ■ Eintritt 2 €, So frei

Museo del Corpus: c/Roteros 8 ■ +34 963 153 156 ■ Di–Sa 10–14 & 15–19 Uhr, So 10–14 Uhr ■ Eintritt frei

Centre del Carme: c/Museo 2 ■ +34 961 922 640 ■ Di–So 11–21 Uhr (bei Ausstellungen) ■ www.consorcimuseus.gva.es

IVAM: c/Guillem de Castro 118 ■ Di–So 10–19 Uhr ■ Eintritt 5 € (erm. 2,50 €), Mi ab 16 Uhr, So frei ■ www.ivam.es

TOP 10 Catedral de Valencia

Die Catedral-Basílica Metropolitana de la Asunción de Nuestra Señora de Valencia wurde ab 1262 dort errichtet, wo schon in den 1000 Jahren zuvor sakrale Bauten standen: ein römischer Tempel, eine westgotische Kirche und – in der Zeit des Taifa-Reichs Balansiya – eine Moschee. Die Kathedrale vereint Baustile verschiedenster Epochen, bewahrt prächtige Fresken aus der Frührenaissance – und hütet mit dem »Heiligen Kelch« angeblich den Becher vom Letzten Abendmahl Jesu Christi.

1 Puerta de los Apóstoles

Das gotische Portal an der Plaza de la Virgen diente als Eingang zu der Moschee, die zuvor am Ort der Kathedrale stand. Die Statuen sind Kopien – die Originale finden sich im Museum der Kathedrale.

2 Retabel des Hochaltars

Hernando de los Llanos' Altarbilder *(rechts)* aus dem frühen 16. Jahrhundert verbargen einst einen silbernen Renaissancealtar, der jedoch in den napoleonischen Kriegen für Münzen eingeschmolzen wurde.

3 El Miguelete

Der berühmte Glockenturm der Kathedrale ragt 51 Meter an der Plaza de la Reina auf. Den Aufstieg über 207 Stufen belohnt ein großartiger Blick über Valencias Altstadt.

4 Puerta del Palau

Bibelszenen zieren die sieben Bogen des romanischen Portals. Da hier Almosen an die Armen ausgegeben wurden, heißt es auch Puerta de la Almoina.

5 Renaissancefresken

Im Zuge der Restaurierung der Hochaltarbilder im Jahr 2004 entdeckte man an der Apsisdecke herrliche Fresken aus dem späten 15. Jahrhundert. Sie stammen von den italienischen Künstlern Paolo da San Leocadio und Francesco Pagano da Napoli und lagen über 300 Jahre lang unter der gotischen Kuppel verborgen. Die Gemälde zeigen zwölf musizierende Engel im Kreis um die Jungfrau Maria *(links)*.

6 Museo Catedral

Eines der Glanzstücke in dem Museum für sakrale Kunst und Kunsthandwerk ist eine riesige, dicht mit Edelsteinen besetzte Prozessionsmonstranz *(links)*.

7 La Virgen del Coro

Werdende Mütter legen bei der heiligen Jungfrau des Chores gern Gaben ab. Die Figur auf dem goldverzierten Thron stammt aus dem 15. Jahrhundert.

Segen der Jungfrau

Dass werdende Mütter in Valencias Kathedrale ihre Runden drehen, ist eine im 19. Jahrhundert entstandene Tradition. In der Hoffnung auf eine glückliche Geburt beten die Frauen zur Virgen del Coro und umrunden anschließend neunmal – symbolisch für die neun Monate der Schwangerschaft – das Kirchenschiff.

8 Kapellen

In den 24 Kapellen des Gotteshauses sind neben meisterhaften Kunstwerken auch Reliquien von mehreren Heiligen und nicht zuletzt der berühmte »Heilige Kelch« zu bewundern *(siehe S. 17)*.

10 Die Kuppel

Das achteckige gotische Zimborium ist ein architektonisches Meisterwerk. Durch seine großen Fenster strömt Tageslicht ein, das die Vierung erhellt.

9 Puerta de los Hierros

Das barocke Hauptportal mit dem Eisengitter wurde 1703 vom deutschen Baumeister Konrad Rudolf entworfen und 1741 vollendet. Die rechte Heiligenfigur zeigt Petrus Pascual, die linke Thomas García von Villanova *(rechts)*.

Infobox

Karte M2 ■ Plaza de la Reina ■ +34 963 918 127 ■ www.catedraldevalencia.es

■ Juli – Sep:
Mo – Sa 10.30 – 18.30 Uhr,
So 14 – 18.30 Uhr;
Okt – Juni:
Mo – Fr 10.30 – 18.30 Uhr,
Sa 10.30 – 17.30 Uhr,
So 14 – 17.30 Uhr; letzter Einlass eine Stunde vor Schließung

■ Eintritt (inkl. Museum) 9 € (erm. 6 €)

El Miguelete:
tägl. 10 – 18.45 Uhr;
Eintritt 2,50 € (erm. 1,50 €)

Museo Catedral:
Mo – Sa 10 – 18.30 Uhr,
So 14 – 18.30 Uhr (freier Eintritt); www.museocatedralvalencia.com

■ Gute leichte Küche bietet die Tapas-Bar Colmado LaLola *(siehe S. 84)* gegenüber der Kathedrale.

■ Kommen Sie donnerstags her, wenn vor der Puerta de los Apóstoles El Tribunal de las Aguas tagt *(siehe S. 71)*.

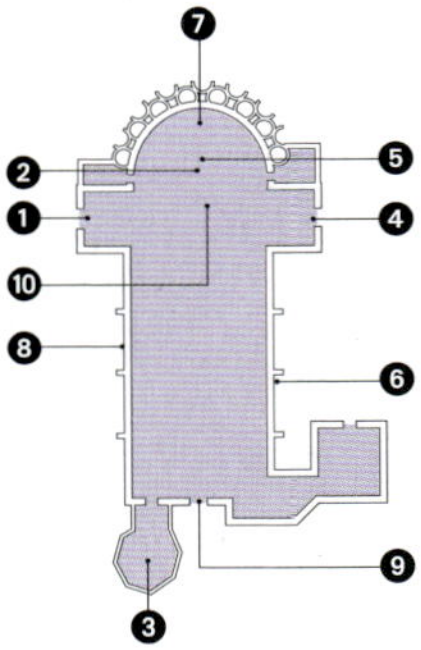

Kapellen der Catedral de Valencia

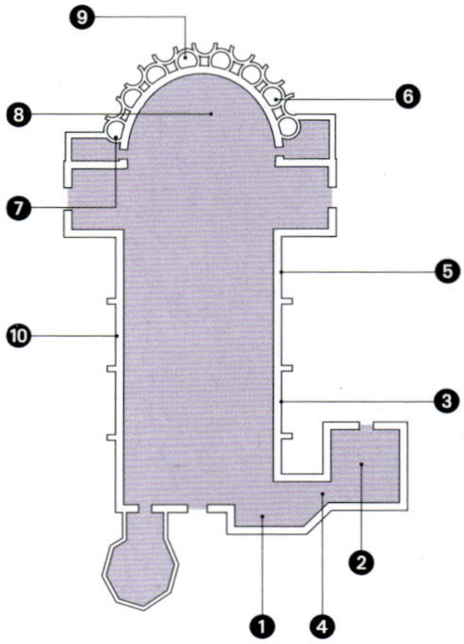

1 Capilla de San Sebastián

Ein kraftvolles Ölgemälde von Pedro de Orrente (1580–1645) in der klassizistischen Sebastianskapelle zeigt das Martyrium des Heiligen. Es zählt zu den besten Kunstwerken in der Kathedrale.

2 Capilla del Santo Cáliz

In der schönen Kapelle bewahrt ein prächtiger Altar aus dem 15. Jahrhundert den Becher, der als Heiliger Kelch – oder Heiliger Gral – verehrt wird. Das Trinkgefäß aus poliertem roten Achat stammt wohl aus dem 1. Jh. v. Chr.

3 Capilla de San Francisco de Borja

Die Kapelle hütet Francisco Goyas (1746–1828) fantastisches Gemälde *Francisco de Borja am Sterbebett eines Unbußfertigen* von 1788. Es ist das erste Werk des Malers mit metaphysischen Darstellungen.

4 Capilla de San Miguel Arcángel

Das von Paolo da San Leocadio (1447–1520) und Francesco Pagano (1471–1506) ursprünglich als Fresko gemalte Bild *Die Anbetung der Hirten*, das die Kapelle des Erzengels Michael ziert, gilt als ältestes Renaissancegemälde Spaniens.

Capilla de San Miguel Arcángel

5 Capilla de Santo Tomás de Villanueva

Die augenfällige Reliquienbüste am zentralen Altar der Kapelle enthält die Gebeine des heiligen Thomas von Villanova, Augustinermönch und einst Erzbischof von Valencia.

6 Capilla de la Virgen del Puig

Die Kapelle ist der Heiligen Jungfrau von El Puig geweiht. König Jaime I von Aragón glaubte, dass ein Bildnis der Jungfrau seinen Truppen in der Schlacht von El Puig 1237 zum Sieg verhalf und die folgende Eroberung Valencias ermöglichte.

7 Capilla de San Dionisio y Santa Margarita

Das zentrale Altarbild der Kapelle zeigt die namensgebenden Märtyrer Dionysius und Margareta. Die Platzierung vom *Begräbnis Jesu* in der Mitte der Passionsszenen an der Predella (und nicht am Ende) folgt einer valencianischen Tradition.

8 Capilla de San Jorge

In der Kapelle, die das Bild *Der heilige Georg in der Schlacht von El Puig* ziert, hat Jaime I nach der Eroberung Valencias Messe gefeiert.

9 Capilla de San Vicente Ferrer

Alle Bildnisse in der Kapelle zeigen Szenen aus dem Leben des heiligen Vinzenz Ferrer, Schutzpatron der Autonomen Gemeinschaft Valencia.

10 Capilla de la Resurrección

Namensgeber der auch als Corveta (»kleine Höhle«) bekannten Kapelle

Capilla de la Resurrección

ist das Alabasterrelief aus dem 16. Jahrhundert, das die Auferstehung zeigt, mehr Beachtung findet aber das Reliquiar mit dem Arm des heiligen Vinzenz von Valencia.

Wie der Heilige Gral nach Valencia kam

Unter den Hunderten angeblichen Heiligen Gralen erkennt der Vatikan allein den Kelch in Valencias Kathedrale als jenen Heiligen Kelch an, aus dem Jesus beim Letzten Abendmahl getrunken haben soll. Der Legende nach brachte ihn der heilige Petrus nach dem Tod Marias nach Rom. Während der Christenverfolgung unter Kaiser Valerian ließ Papst Sixtus II., der 258 hingerichtet wurde, den Gral nach Huesca im Nordosten Spaniens in Sicherheit bringen. 500 Jahre später, im 8. Jahrhundert, nahmen ihn Christen auf der Flucht vor den maurischen Invasoren mit in die Pyrenäen und brachten ihn ins Königliche Kloster San Juan de la Peña. Nach Stationen im Palacio de la Aljafería in Zaragoza und im inzwischen verschwundenen Palacio del Real de Valencia wurde der Heilige Kelch schließlich im Jahr 1437 von Alfonso el Magnànim (dem Großmütigen) der Kathedrale übergeben.

Weitere Orte, wo sich der Heilige Gral befinden soll

1 Chalice Well, Glastonbury Tor, England

2 Cattedrale di San Lorenzo, Genua, Italien

3 Basílica San Isidoro, León, Spanien

4 Felsendom, Jerusalem, Israel

5 Montserrat, Spanien

6 Rosslyn Chapel, Roslin, Schottland

7 Château de Montségur, Frankreich

8 The Money Pit, Oak Island, Nova Scotia, Kanada

9 Accokeek, Maryland, USA

10 Fort Knox, Kentucky, USA

Der Heilige Kelch steht in der Mitte des im spätgotischen Flamboyantstil gestalteten Altaraufsatzes in der Capilla del Santo Cáliz.

TOP 10 Mercado Central

Der traumhafte Modernisme-Bau im Herzen der Altstadt beherbergt einen der schönsten und größten überdachten Märkte in Europa. Die 1928 eröffnete Markthalle sollte einen Straßenmarkt am Convento de las Magdalenas ersetzen. Trotz prominenter Lage wird der Markt vorwiegend von Valencianern besucht, die hier gern Schinken, Käse, Obst und Gemüse aus der Huerta und fangfrisches Seafood aus dem Mittelmeer kaufen.

1 Modernisme-Architektur

Mit ihren gefliesten Kuppeln, den schmiedeeisernen Trägern und dem floralen Keramikdekor ist die Markthalle ein Musterbeispiel für den *modernismo valenciano*, den valencianischen Jugendstil des frühen 20. Jahrhunderts.

2 Hauptkuppel

Durch die Oberlichter und die großen Fenster der Hauptkuppel *(unten)* strömt viel Licht in die Markthalle. Wegen ihres Gewichts ruht die Kuppel auf Gitterträgern.

Buntglasfassade des Mercado Central

4 La Cotorra del Mercat

»Der Marktpapagei« ist die Wetterfahne, die sich in 50 Meter Höhe über der Hauptkuppel dreht. Ihre Gestaltung spielt auf das Schwatzen und die Geschäftigkeit an, für die Markthändler traditionell bekannt sind – *cotorra* bedeutet im Spanischen nämlich auch »Quasselstrippe«.

3 Central Bar

Bei einer Rast in der Bar des valencianischen Küchenchefs Ricard Camarena kann man sich mit Blick aufs bunte Markttreiben Tapas und *bocadillos* (Sandwiches) schmecken lassen *(siehe S. 84)*.

Infobox

Karte L3 ■ Plaza del Mercado ■ www.mercadocentralvalencia.es

■ Mo – Sa 7.30 – 15 Uhr

■ Das valencianische Wort für Markt lautet *mercat*.

■ Auf der Plaza del Mercado vor dem Markt bieten einige Stände *churros* (Schmalzgebäck) an.

■ Je früher man kommt, desto besser: Morgens, wenn die Stände noch die ganze Auswahl bieten, ist der Markt am reizvollsten.

7 Fleisch & Wurst

Die Schinken sind erstklassig, allerdings ist der *jamón serrano* hier verhältnismäßig teuer. In den Auslagen sind auch Schafsköpfe, Schweinsfüße und Ochsenzungen zu sehen – eine Herausforderung für Zartbesaitete *(links)*.

Die Baugeschichte des Mercado Central

Pläne für einen großen zentralen Markt gab es bereits im Jahr 1882, sie wurden jedoch nie umgesetzt. 1910 rief man einen Wettbewerb für ein Marktgebäude aus, den die katalanischen Architekten Francesc Guàrdia i Vial (1880–1940) und Alexandre Soler i March (1873–1949) mit ihrem Entwurf gewannen. 1915 legte König Alfonso XIII den Grundstein, doch wegen politischer und wirtschaftlicher Krisen dauerte es noch 13 Jahre, bis der Markt endlich eröffnen konnte.

10 Kuppel des Fischmarkts

Wer im großen Fischmarkt seinen Blick von den Ständen losreißen kann und nach oben richtet, sieht auf dessen Kuppel eine Wetterfahne in Form eines Schwertfischs – ein passendes Symbol für die angebotenen Waren.

5 Gewürze

An den Gewürzständen erhält man getrocknete Chilis, Nelken, Zimtstangen, Kardamom und alle nötigen Aromen für eine Paella. An der Casa del Azafrán gibt es jede Art von Safran.

8 Fisch & Meeresfrüchte

Die *pescadería* (Fischmarkt) hat ihren eigenen Bereich gleich rechts vom Eingang an der Plaza del Mercado. In den Auslagen türmen sich auf einem Bett aus Eis frische *sépias* (Tintenfische), *erizos del mar* (Seeigel), *cigalas* (Kaisergranate), *percebes* (Entenmuscheln), Hummer und anderes Meeresgetier.

6 Keramiken

Hauptkuppel, Dächer und obere Wände der Markthalle sind mit prachtvollen Keramikfliesen verziert. Die Motive zeigen Weintrauben sowie Orangen, Zitronen und andere Früchte aus der fruchtbaren Region La Huerta *(siehe S. 118)*.

9 Obst & Gemüse

Rund ein Viertel der Stände führt frisches und in erster Linie regionales Obst und Gemüse *(rechts)* – fast 50 Tonnen Obst werden hier täglich verkauft. Einige Stände sind auf besondere Erzeugnisse spezialisiert, z. B. auf Bohnen für Paella oder auf Safran.

TOP 10 La Lonja de la Seda

Die alte Seidenbörse in Valencia zählt zu Spaniens schönsten Profanbauten. Das gotische Meisterwerk von Pere Compte und Joan Ibarra verkörpert Valencias Reichtum und Macht im 15. und 16. Jahrhundert – die Stadt stieg nicht zuletzt durch die dortigen Geschäfte zu einem führenden europäischen Handelszentrum ihrer Zeit auf. Der Bau von »La Llotja« (valencianisch) begann 1482 mit der Sala de Contratación und endete 1548 mit dem Consulado del Mar. Seit 1996 ist sie UNESCO-Welterbe.

1 Wendeltreppe

Die wunderbare Wendeltreppe, die von der Sala de Contratación hinunterführt, verkörpert höchste Baukunst: Sie hat keine zentrale Spindel, also werden die steinernen Stufen nur von der Wand und den jeweils darunterliegenden Stufen getragen.

2 Consulado del Mar

Das »Seekonsulat« war einst Sitz des Handelsgerichts. Der Saal *(links)* hat eine prächtige Kassettendecke und eine schöne Renaissanceloggia, die auf die Plaza del Mercado blickt.

3 Westeingang

Das reiche Dekor des Eingangs an der Plaza del Mercado umfasst Darstellungen von Hexerei am Mittelpfosten und recht anschauliche Szenen von Fleischeslust am Rahmen. Nicht weit entfernt markiert das valencianische Wappen, wo einst mit dem Bau begonnen wurde.

4 Patio de los Naranjos

Der hübsche Hof mit den Orangenbäumen *(unten)* lädt zu einer Pause ein.

5 Sala Dorada

Juan del Poyo benötigte ganze acht Jahre für die herrliche Kassettendecke, die den »Goldenen Saal« im ersten Stock des Consulado del Mar schmückt. Ihre über 650 Einzelteile wurden so zusammengefügt, dass kaum ein Nagel zu sehen ist. Die bunt gefassten Schnitzereien zeigen Sternzeichen, Tiere und das eine oder andere Stadtwappen *(unten)*.

6 Capilla de la Inmaculada Concepción

Die hübsche Kapelle der unbefleckten Empfängnis verbindet die Sala de Contratación und den Consulado del Mar. Die sternförmige Decke ist vermutlich eine Arbeit von Juan Graus, Baumeister von Fernando II und Isabella I.

Seidenhandel in Valencia

Die Seide kam bereits in maurischer Zeit nach Spanien, doch der wahre Boom in der Herstellung begann 1465, als Kunsthandwerker aus Genua die Samtweberei einführten. In der Folge entstanden das Seidenweberviertel Barrio de Velluters und der Colegio del Arte Mayor de la Seda, heute Museum *(siehe S. 88)*. Zum Ende des 17. Jahrhunderts konnte Valencia Toledo als Nummer eins in der spanischen Seidenherstellung ablösen. Bis zum Siegeszug massenproduzierter Stoffe im 19. Jahrhundert blieb die Seidenweberei Valencias Hauptwirtschaftszweig.

7 Sala de Contratación

Die Seide – und später auch andere Waren – wurde in der majestätischen »Vertragshalle« gehandelt. Der Saal, wo acht schlanke Spiralsäulen aus dem schwarzen Marmorboden zwölf Meter hoch ins elegante Kreuzrippengewölbe wachsen *(oben)*, ist wahrlich eindrucksvoll.

8 Tribunal del Comercio

Das Handelsgericht hatte seinen Sitz im Erdgeschoss des zweistöckigen Consulado del Mar. Es war im 13. Jahrhundert eingerichtet worden, um rechtliche Belange im Seehandel zu klären und Streit zu schlichten.

Infobox

Karte L3 ■ Calle de la Lonja

■ Mo–Sa 10–19 Uhr, So 10–14 Uhr; 1. Jan, 6. Jan, 1. Mai & 25. Dez geschl.

■ Eintritt 2 € (ermäßigt 1 €), Kinder unter 7 Jahren frei, So u. Feiertage frei

■ Empfehlenswert ist der Kauf eines Audioguides (3 €), über den Besucher Wissenswertes über die Börse und interessante Details zum Bauwerk erfahren.

■ Gleich gegenüber liegt der Mercado Central *(siehe S. 18f)* mit der einladenden Central Bar, wo Sie sich nach der Besichtigung von La Lonja mit leckeren Tapas stärken können.

9 Torreón

Der zinnenbewehrte Turm der Börse würde auch einer Burg ziemen. Die oberen zwei Stockwerke dienten als Gefängnis für säumige Schuldner oder bankrotte Kaufleute.

Wasserspeier 10

Man kennt diese seltsamen Figuren eher von sakralen Bauwerken, doch 28 Wasserspeier *(rechts)* bevölkern auch die äußeren Balustraden der Seidenbörse: fantastische Tierwesen, geflügelte Männer und Fledermäuse, die Wappentiere Valencias.

TOP 10 Jardín del Turia

In Valencia ist man zu Recht stolz auf die schöne Grünanlage mit den schattigen Wegen. Sie erstreckt sich im Flussbett des Río Turia, der nach der Großen Flut 1957 südlich um Valencia herumgeleitet worden war. Stadtplaner und Landschaftsarchitekten wurden eingeladen, die einzelnen Abschnitte *(trames)* des neun Kilometer langen Parks zu gestalten. Im trockenen Flussbett pflanzte man Orangenbäume und Palmen, legte Brunnen und Teiche an. 1986 wurde der Stadtpark eröffnet.

1 Real Monasterio de la Santísima Trinidad

Im 15. Jahrhundert war dieser Klosterkomplex die Residenz von Königin Maria von Kastilien, die hier auch begraben ist. Heute leben hier Nonnen, für Besucher ist nur die Kirche zugänglich.

2 Palau de la Música

Die von José María de Paredes gestaltete Konzerthalle mit der Glaskuppel ist ein Wahrzeichen Valencias und Sitz des hiesigen Sinfonieorchesters *(unten)*.

3 Parque de Cabecera

Im »Park am Kopfende« des Jardín del Turia lässt sich erahnen, wie der Río Turia einst aussah. Fuß- und Plankenwege führen um einen künstlichen See mit Tretbootverleih *(siehe S. 106)*.

Jardín del Turia mit Geh- und Radwegen

4 Isla de las Esculturas

Zu den Skulpturen aus Eisenschrott auf Lucas Karrvaz' und Antonio Marís »Insel der Bildhauer« gehören z. B. ein Schmied und ein Bauer mit Hund.

5 Puente de la Trinidad

Mateu Texidor erbaute diese Brücke – die älteste der Stadt – zwischen 1401 und 1407. Auf halbem Weg Richtung Calle de la Trinidad stehen barocke Figuren von Heiligen aus Valencia *(rechts)*.

6 Puente de las Flores

Die Brücke zieren ganzjährig über 10 000 farbenfrohe Blumen, vorwiegend Zyklamen und Geranien – ein traumhafter Anblick.

7 Azud de Rovella

Das 1957 durch das Hochwasser schwer beschädigte steinerne Wehr leitete Wasser aus dem Río Turia in eine der acht *acequias* (Bewässerungskanäle) für die Gärten von La Huerta *(siehe S. 118)*.

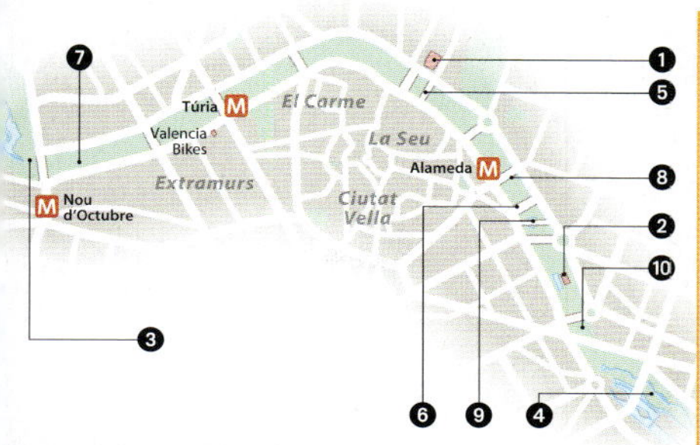

Freizeitaktivitäten im Jardín del Turia

Im Alltag der Valencianer spielt ihr lang gestreckter Stadtpark eine wichtige Rolle. Zu jeder Tageszeit sieht man hier Menschen spazieren gehen, joggen oder Rad fahren. Auch Volleyball und Yoga sind hier überaus beliebt. Zu weiterer sportlicher Betätigung stehen eine Laufbahn, ein Baseballfeld, sieben Fußballplätze und ein Skatepark bereit. Für Kinder gibt es neben dem Parque Gulliver noch eine Reihe anderer Spielplätze, wo es sich nach Herzenslust rutschen, schaukeln, klettern und toben lässt.

9 Puente del Mar

Die Fußgängerbrücke wurde 1596 von Francisco Figueroa gebaut, um Stadt und Hafen zu verbinden. In Nischen stehen Statuen des heiligen Pascual Bailón und der Jungfrau Maria.

8 Puente de la Exposición

Santiago Calatravas modernistische Brücke über der Metro-Station Alameda erinnert an einen Steckkamm und trägt daher den Spitznamen La Peineta. Sie wurde 1995 eingeweiht.

10 Parque Gulliver

Die Figur aus Jonathan Swifts satirischem Roman *Gullivers Reisen* von 1726 liegt da, als wäre sie eben an Liliputs Küste angetrieben worden. Mit einer Länge von 70 Metern ist sie ein wahrhaft riesiger Spielplatz für Kinder, die in Gullivers Haaren und Kleidern rutschen und klettern können *(oben)*.

Infobox

Karte B4 – F6

Real Monasterio de la Santísima Trinidad: Karte M1 ■ c/Trinidad 13 ■ +34 960 961 855 ■ www.monasteriotrinidad.es

Palau de la Música: Karte E5 ■ Paseo de la Alameda ■ +34 963 375 020 ■ www.palauvalencia.com

Parque Gulliver: Karte E5 ■ +34 963 370 204 ■ Apr – Juni & Sep: tägl. 10 – 20 Uhr; Juli & Aug: tägl. 10 – 13.30 & 17.30 – 21 Uhr; Okt – März: tägl. 10 – 17.30 Uhr

■ Wo Sie sich im Jardín del Turia auch aufhalten – es ist nie sehr weit zur nächsten Tapas-Bar oder einem Restaurant. Eine große Auswahl an ansprechenden Lokalen bieten das nördliche Centro Histórico sowie die Viertel Alameda und L'Eixample.

■ Besonders gut lässt sich der lang gezogene Park mit dem Fahrrad erkunden, also leihen Sie sich ein Rad bei Valencia Bikes (Paseo de la Pechina 32; +34 650 621 436; www.valenciabikes.com) und machen Sie sich munter auf den Weg.

Folgende Doppelseite L'Umbracle, das Portal zur Ciudad de las Artes y las Ciencias

TOP 10 Ciudad de las Artes y las Ciencias

Valencias »Stadt der Künste und der Wissenschaften« als innovativ zu beschreiben, ist eine Untertreibung. Sechs der sieben Bauten des futuristischen Ensembles an einem reizvollen Abschnitt des Jardín del Turia entwarf der hiesige Stararchitekt Santiago Calatrava – 1991 Gewinner des Wettbewerbs für die Sanierung des verwahrlosten Areals. Der Bau dauerte 13 Jahre und sprengte das Budget – doch das Ergebnis lohnt alle Kosten.

Futuristische Bauwerke in der Ciudad de las Artes y las Ciencias

1 Palau de les Arts Reina Sofía

Die vier Säle des spektakulären Opern- und Theaterhauses bieten Sitzplätze für mehr als 3000 Kulturfreunde.

2 Pont de l'Assut de l'Or

Diese 125 Meter hohe Hängebrücke ist nach dem Damm benannt, der in der Gegend einst den Río Turia regulierte.

3 Oceanogràfic

Europas größtes Aquarium wurde von Félix Candela entworfen. Es ist unterteilt in die Hauptklimazonen der Welt und deren marine Ökosysteme.

4 Submarino

Das Restaurant im Aquarium Oceanogràfic, wo Gäste in einer Unterwasserwelt speisen können *(unten)*, hat die Form einer Lilienblüte.

5 Museu de les Ciències

Der Architekt Santiago Calatrava integriert mit Vorliebe Anatomisches in seine Bauten *(siehe S. 29)* und so ist dieses Wissenschaftsmuseum einem Walskelett nachempfunden. Die Themen der interaktiven Ausstellungen reichen vom menschlichen Körper bis zum Weltall *(oben)*.

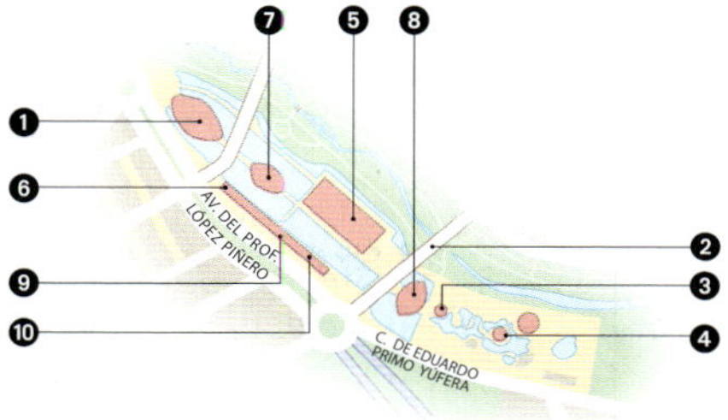

6 Mya

Den unterirdischen Club, der ein tanzfreudiges junges Publikum anlockt, erreicht man über eine Wendeltreppe in der Bar L'Umbracle Terraza.

7 Hemisfèric

Das Planetarium und IMAX 3-D-Kino wurde 1998 als erstes Gebäude eröffnet. Es ist wie ein riesiges Auge geformt – am stärksten ist der Eindruck, wenn die »Augenlider« offen sind und der Bau sich im Wasser spiegelt.

8 CaixaForum València

Der spektakuläre, auch Àgora genannte Bau für Events und Ausstellungen erinnert an eine Venusfliegenfalle.

9 L'Umbracle Terraza

In dieser Bar unter den beleuchteten Bogen von L'Umbracle ist man von Pflanzen umgeben *(siehe S. 99)*.

Kosten & Kontroversen

Der visionäre Komplex des Architekten Santiago Calatrava galt als architektonischer »weißer Elefant«, da einige Gebäude mit strukturellen Problemen zu kämpfen hatten und das Projekt den Kostenrahmen sprengte. Heute besichtigen jährlich 2,5 Millionen Besucher dieses Symbol für die ehrgeizige Neuerfindung Valencias.

10 L'Umbracle

Beim langen Zugang zum Komplex überspannen 55 abgesenkte Bogen einen Garten mit tropischen Pflanzen *(unten)* und die Freiluftgalerie Paseo del Arte.

Infobox

Karte F6 ■ Av. del Profesor López Piñero 7 ■ +34 961 974 400 ■ www.cac.es

Palau de les Arts Reina Sofía: Av. del Prof. López Piñero 1 ■ +34 902 202 383 ■ Führungen: tägl. 11, 12.15, 13.30 Uhr (Mo–Sa auch 15.45, 17 Uhr) ■ Eintritt 12 € ■ www.lesarts.com

Oceanogràfic: c/Eduardo Primo Yúfera 1 ■ +34 960 470 647 ■ Mo–Fr 10–18 Uhr, Sa 10–19 Uhr (Juli–Mitte Sep: tägl. bis 20 Uhr) ■ Eintritt 37,10 € (ermäßigt 27,30 €), unter 4 Jahren frei ■ www.oceanografic.org

Submarino: +34 662 860 595 ■ So abends geschl.

Museu de les Ciències: Apr–Mitte Okt: tägl 10–19 Uhr (Juli & Aug: bis 21 Uhr); Mitte Okt–März: tägl. 10–18 Uhr (Fr–So bis 19 Uhr) ■ Eintritt 9 € (erm. 6,90 €), unter 4 Jahren frei

Hemisfèric: tägl. ab 10 Uhr (nur mit Reservierung) ■ Eintritt 8,70 € (ermäßigt 6,70 €), unter 4 Jahren frei

CaixaForum València: c/Eduardo Primo Yúfera 1A ■ tägl. 10–20 Uhr ■ Eintritt 6 €, unter 16 Jahren frei

■ Etwas preiswerter wird der Besuch mit dem drei Tage gültigen Kombiticket (45,20 €) für Museu de les Ciènces, Oceanogràfic und Hemisfèric.

Sehenswertes in der Ciudad de las Artes y las Ciencias

Unterwassertunnel im Oceanogràfic

1 »Océanos«, Oceanogràfic

Europas längster Unterwassertunnel verbindet die zwei Becken mit Meerestieren aus Atlantik und Pazifik.

2 Wasser

Das Thema Wasser durchzieht den ganzen Komplex: Das Oceanogràfic ist ein Meeresmuseum, das Wissenschaftsmuseum gleicht einem Walskelett und viele Gebäude sind von Wasserbecken umgeben.

3 Pflanzen

Palmengärten säumen das Opernhaus, rund 6000 Pflanzen zieren L'Umbracle und der grüne Jardín del Turia bildet die Umgebung.

4 Fliesen

Als Hommage an Valencias lange Tradition im Keramikhandwerk schmücken Mosaiken aus zahllosen Bruchstücken keramischer Fliesen *(trencadís)* Opernhaus, Promenade und einige Reflexionsbecken.

5 Kunstwerke

Santiago Calatrava versah das Opernhaus mit zwei großen Wandgemälden und einer Reihe Kunstinstallationen. Der öffentliche Raum des Komplexes dient nahezu immer als Fläche für diverse Ausstellungen.

6 3-D-Kino, Hemisfèric

Die Technik des IMAX 3-D-Kinos mit der riesigen gewölbten Leinwand ist etwa 360-mal leistungsstärker als die eines herkömmlichen Heimprojektors.

7 »Calle Mayor«, Museu de les Ciències

Die »Hauptstraße« des Wissenschaftsmuseums wird von fünf riesigen Säulen getragen und bietet Besuchern einen recht guten Einblick in die Gebäudestruktur.

8 Hauptauditorium, Palau de les Arts Reina Sofía

Die große muschelförmige Konzertbühne kann sich einer herausragenden Akustik rühmen – großartig für Sinfoniekonzerte.

Palau de les Arts Reina Sofía

9 Jardín de Astronomía, L'Umbracle

Der Astronomiegarten am Ostende des langen Baus birgt eine Sonnen- und Monduhr und Instrumente, die z. B. die Entfernung zur Sonne oder die Tag-Nacht-Gleiche anzeigen.

10 »Templados y tropicales«, Oceanogràfic

In der wie ein Bootsrumpf geformten Halle, die sich den gemäßigten und tropischen Zonen von Karibik und Indopazifik widmet, sind u. a. tropische Drückerfische zu sehen.

Santiago Calatrava

Der spanische Architekt Santiago Calatrava Valls

Skulpturale Brücken und ultramoderne Bauwerke wie Bahnhöfe, Sportarenen, Museen und Gotteshäuser sind sein Markenzeichen: Santiago Calatrava Valls, 1951 in Valencia geboren, studierte am Polytechnikum seiner Heimatstadt Architektur. Nach dem Abschluss im Jahr 1974 zog er zum weiteren Studium nach Zürich, wo er seinen Abschluss als Bauingenieur machte und 1981 sein erstes Architekturbüro eröffnete. Calatravas Bauten spiegeln nicht selten sein Interesse an biomorphen Formen wider, so auch das Museu de les Ciències, das einem Walskelett ähnelt, und das Bahnhofsgebäude beim französischen Flughafen Lyon-Saint Exupéry, das an einen Vogel mit ausgebreiteten Flügeln erinnert. Gelegentlich steigert Santiago Calatrava die Komplexität seiner Gebäude durch bewegliche Elemente wie die Brisesoleils, die am Hemisfèric und am Milwaukee Art Museum für Lichtschutz sorgen. Calatrava hat durchaus seine Kritiker, da einige seiner Projekte strukturelle Probleme aufweisen und er regelmäßig sein Budget überzieht, aber er ist ganz ohne Frage ein Ausnahmearchitekt.

Bauwerke von Calatrava

1 Torre de comunicacions de Montjuïc, Barcelona (1992)

2 Estação do Oriente, Lissabon (1998)

3 Bodegas Ysios, Rioja Alavesa (2001)

4 Turning Torso, Malmö (2001)

5 Milwaukee Art Museum, Wisconsin (2001)

6 Gare de Liège-Guillemins, Lüttich (2009)

7 Stazione Reggio Emilia AV Mediopadana, Reggio Emilia (2013)

8 Museu do Amanhã, Rio de Janeiro (2015)

9 World Trade Center Transportation Hub, New York (2016)

10 St. Nicholas Greek Orthodox Church New York (2022)

Das Museu de les Ciències belegt Calatravas Interesse für biomorphe Formen in der Architektur.

Museo de Bellas Artes

Das 1837 eröffnete Museum im schönen Colegio-Seminario de San Pío V aus dem 17. Jahrhundert besitzt eine herausragende Sammlung spanischer Kunst und zählt mit Recht zu den besten des Landes. Gezeigt werden u. a. frühe valencianische Maler, eine eindrucksvolle Renaissancesammlung mit Werken von El Greco und Pinturicchio, aber auch mehr als 40 Gemälde des Impressionisten Joaquín Sorolla, der sich gern vom Leben am Strand von El Cabanyal inspirieren ließ.

1 Porträt der Joaquina Candado

Das Museum besitzt einige Gemälde von Francisco Goya (1746–1828), der dieses Porträt seiner Haushälterin *(rechts)* 1790 bei einem Aufenthalt in Valencia schuf – eine gelungene Mischung aus Landschafts- und Porträtmalerei.

2 Reiterporträt des Don Francisco de Moncada

Das Porträt vom einstigen Generalgouverneur der Niederlande macht deutlich, warum Anthonis van Dyck (1599–1641) als Hofmaler so erfolgreich war: Seine Komposition vermittelt virtuos Autorität und Bedeutsamkeit des Dargestellten *(unten)*.

4 Selbstporträt

Diego Velázquez (1599–1660) schuf dieses Selbstporträt in Rom, als er um die 50 Jahre alt war. Die düstere Strenge des Gemäldes spiegelt wahrscheinlich die Auseinandersetzung des Malers mit dem Älterwerden wider.

5 Fray Bonifacio Ferrer

Gherardo Starnina (1360–1413) malte das Altarbild, das den Bruder des heiligen Vinzenz Ferrer zeigt, in dessen Auftrag für die Kartause Porta Coeli. Es zählt zu den schönsten Altarbildern der Gotik.

3 Franz von Assisi

Das Gemälde des spanischen Barockmalers Bartolomé Esteban Murillo (1617–1682) zeigt den Heiligen bei seiner Vision Christi und unterscheidet sich im Stil vom berühmteren Werk *Heiliger Franz im Gebet*, das in Antwerpen hängt.

6 Madonna und Kind mit einem Bischof

Der italienische Künstler Pinturicchio (1452–1513) schuf *Virgen de las Fiebres (links)* für Francisco de Borja zu dessen Ernennung zum Bischof von Teano – mit dem kniend dargestellten Auftraggeber.

Passionstriptychon ⑦

Das Triptychon *(rechts)* des Niederländers Hieronymus Bosch (1450–1516) zeigt Szenen aus der Passion Christi. Die zweite Figur von links auf dem Mittelbild ist wohl ein Selbstporträt.

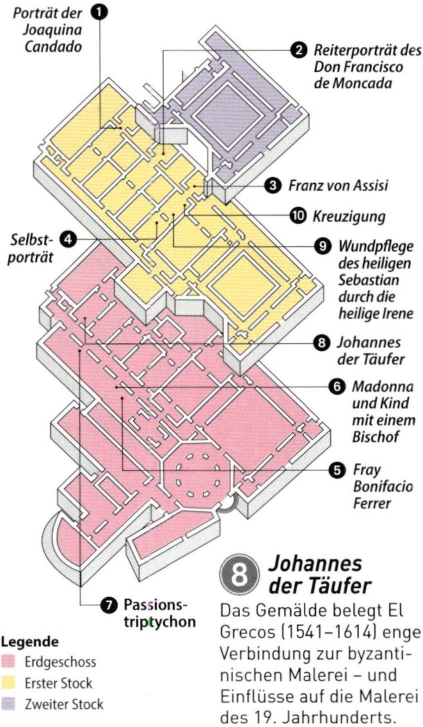

Museumsführer

Die wunderbare Sammlung des Museo de Bellas Artes ist im Großen und Ganzen chronologisch geordnet: Der Hauptsaal im Erdgeschoss präsentiert frühe valencianische Kunst und Architektur vom Mittelalter bis zur Renaissance, die Themen der Seitengalerien reichen von flämischer Malerei des 15. Jahrhunderts bis zur Kunst der Romantik. Die Joaquín-Sorolla-Sammlung befindet sich im Edificio Pérez Castiel, während die Galerie der Künstlerinnen im zweiten Stock zu sehen ist.

⑧ Johannes der Täufer

Das Gemälde belegt El Grecos (1541–1614) enge Verbindung zur byzantinischen Malerei – und Einflüsse auf die Malerei des 19. Jahrhunderts.

⑨ Wundpflege des heiligen Sebastian durch die heilige Irene

José de Riberas (1591–1652) Gemälde vom heiligen Sebastian ist ein Meisterwerk des *Tenebrismo* (Helldunkelmalerei): Der Heilige erstrahlt vor fast völlig dunklem Hintergrund.

⑩ Kreuzigung

Antonio de Pereda y Salgado (1611–1678) ist vor allem für seine Stillleben berühmt, er schuf neben weltlichen Bildern aber auch viele Gemälde mit religiösen Themen, z. B. dieses von 1660 mit der Kreuzigung Christi auf dem Kalvarienberg.

Infobox

Karte N1 ■ c/San Pío V 9 ■ +34 963 870 300 ■ www.museobellasartesvalencia.gva.es

■ Di–So 10–20 Uhr; 1. Jan & 25. Dez geschl.

■ Eintritt frei

■ Auf der anderen Seite des Jardín del Turia finden sich einige Tapas-Bars, z. B. die Taberna La Samorra *(siehe S. 84)*.

■ Versäumen Sie nicht die Galerie mit Skulpturen von Mariano Benlliure – sie liegt links von der Eingangshalle.

Werke valencianischer Künstler

1 Grupa Valenciana

Joaquín Sorollas Bild *Valencianische Gruppe* (1906), das seine Kinder Joaquín und María in traditioneller Tracht auf einem Pferd zeigt, ist ein typisches Beispiel für die fröhliche Art, wie der Maler valencianische Identität darstellt.

2 Vorbereitung der Kreuzigung

In der Helldunkelmalerei Juan Ribaltas (um 1596–1628) bei dieser Kreuzigungsszene von 1615 zeigt sich Caravaggios Einfluss auf spanische Künstler.

3 Jesus erscheint dem heiligen Ignatius von Loyola

Das goldene Licht um die Taube des Heiligen Geistes auf dem bedeutenden Altarbild von 1631 ist beispielhaft für die religiöse Ästhetik des produktiven Kirchenmalers Jerónimo Jacinto de Espinosa (1600–1667).

4 Verkündigung

Auf dem monumentalen Diptychon stellte der als Jacomart bekannte Künstler Jaume Baçó (um 1411–1461) die Verkündigung der Empfängnis durch den Erzengel

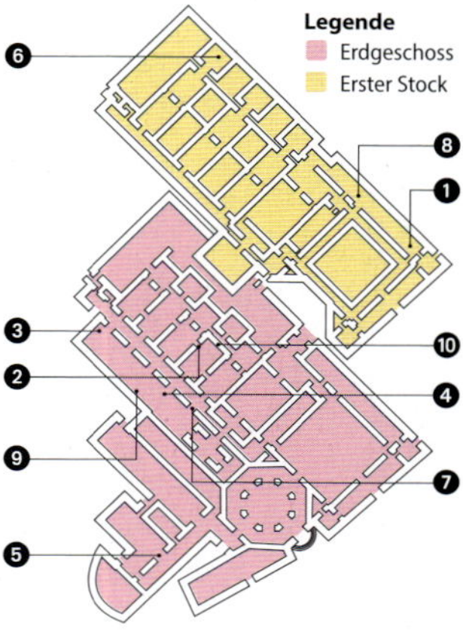

Verkündigung, Jacomart

Gabriel in einem von der altflämischen Malerei beeinflussten Stil dar.

5 Los padres de Mariano Benlliure

Mariano Benlliure (1862–1947) fertigte den Abguss, der seine Eltern Angela Gil und Juan Benlliure Tomás zeigt, 1915 als Kopie einer Bronze, die er für deren Grab am Friedhof von El Cabanyal *(siehe S. 46)* geschaffen hatte.

6 Porträt des Generalkapitäns Ramón María de Narváez

Das letzte Gemälde von Vicente López Portaña (1772–1850) zeigt den spanischen Politiker Narváez im Juni 1849, wie er die Amnestie für Carlisten-Aufständische unterzeichnet.

7 Predella mit fünf Passionsszenen

Die Predella von Joan Reixach (1411–1486) gehörte zu einem Altarbild im Kartäuserkloster Cartuja de Valldecrist in Altura.

8 Marina

Das Seestück von 1907, auf dem Fischer ein Boot an Land ziehen, schenkte Joaquín Sorolla seinem Freund Pedro Gil. Es zeigt die kraftvolle Pinselführung des Künstlers und die Bedeutung von Licht und Schatten in seinem Werk.

9 *Unbefleckte Empfängnis*

Nicolau Falcó (um 1470–1527) schuf das Altarbild im Jahr 1515 als Auftragsarbeit für die Äbtissin des Convento de la Puridad.

10 *Mystische Vermählung des ehrwürdigen Agnesio*

Der auch als Vicente Juan Masip bekannte Renaissancemaler Joan de Joanes (1507–1579) schuf dieses Gemälde in Gedenken an den valencianischen Dichter, Prediger und Philosophen Juan Bautista Jerónimo Agnesio – links im Bild steckt dieser der heiligen Agnes einen Ehering an.

***Mystische Vermählung des ehrwürdigen Agnesio*, Joan de Joanes**

Joaquín Sorolla – Meister des Lichts

Joaquín Sorolla y Bastida wurde 1863 in Valencia geboren und gilt als Vater der modernen Malerei in Spanien. Zu seinem umfassenden Werk gehören auch Porträts und ernsthafte Sozialstudien, berühmt ist der Maler jedoch für seine flirrenden Strandszenen, die den valencianischen Alltag in überaus lebendiger Art wiedergeben. Mit leidenschaftlich geführtem, expressivem Pinselstrich verlieh er seinen Gemälden besondere strukturelle Tiefe, doch zum »Meister des Lichts« machte ihn seine exquisite Kunst, die flüchtigen Effekte der Mittelmeersonne in hartem Weiß und dunklen Blautönen auf die Leinwand zu bringen. Sein erstes Werk in diesem Stil, *La Vuelta de la Pesca (Rückkehr vom Fischen)* aus dem Jahr 1894, hängt heute im Musée d'Orsay in Paris. Das Gemälde mit den heimkehrenden Fischern am Strand von El Cabanyal markiert seine abrupte Abkehr von der rein gegenständlichen Malerei – von da an konzentrierte er sich vollständig auf seine ganz eigene Interpretation von Licht und Schatten.

Stationen im Leben Joaquín Sorollas

1 Geburt in Valencia (27. Februar 1863)

2 Verlust der Eltern, die beide an der Cholera sterben (1865)

3 Kunstausbildung an der Real Academia de Bellas Artes de San Carlos (ab 1879)

4 Studium der Malerei an der Königlich Spanischen Akademie in Rom (1885)

5 Heirat mit Clotilde García del Castillo (1888)

6 Umzug nach Madrid (1890)

7 Gewinn des Grand Prix für *Trauriges Erbe* (1900)

8 Ernennung zum Offizier der Ehrenlegion (1906)

9 Schlaganfall (1920)

10 Tod in Madrid (10. August 1923)

La Vuelta de la Pesca war im Pariser Salon ein großer Erfolg und markierte stilistisch einen Wendepunkt.

TOP 10 Las Fallas

Mit diesem wochenlangen Fest, einer ausgelassenen Party mit Umzügen, Feuerwerk und lautem Geböller, feiert Valencia seit mehr als 250 Jahren den Frühlingsanfang. Im Mittelpunkt stehen die aufwendigen *fallas* (valencianisch *falles*) – riesige Monumente aus Holz, Pappmaschee und Styropor mit karikaturesken Figuren *(ninots)*, die am Josefstag, dem 19. März, angezündet werden. Jedes Stadtviertel hat ein eigenes Komitee, das für den Bau seiner *falla* verantwortlich ist.

1 La Mescletà

Die krachenden Böllerkaskaden, die täglich um 14 Uhr auf der Plaza del Ayuntamiento gezündet werden, beginnen am 1. März und steigern von Tag zu Tag ihre Lautstärke – bis zu dem ohrenbetäubenden Finale am 19. März, das bezeichnenderweise den Namen *terratrèmol* (Erdbeben) trägt.

Infobox

ganz Valencia ■ 24. Feb – 19. März ■ www.fallas.com

■ Die Valencianos lassen sich bei Las Fallas gern *buñuelos* (frittierte Teigbällchen) schmecken.

■ Die meisten (und in der Regel auch eindrucksvollsten) *fallas* sind im Centro Histórico, in Ruzafa und in L'Eixample zu sehen.

2 La Crida

»Der Aufruf« am 24. Februar ist der offizielle Start von Las Fallas: Die Fallas-Königin eröffnet die Feierlichkeiten mit einer Show aus Licht und Klang und einem Feuerwerk an den Torres de Serranos *(oben)*.

3 La Iluminación

In Ruzafa und in La Malvarrosa gestalten Komitees ausgeklügelte Installationen aus Tausenden von Glühbirnen. Besonders spektakulär präsentiert sich die Calle de Cuba in Ruzafa.

4 Ofrena de Flors

Auf der Plaza de la Virgen bringen am 17. und 18. März *falleras* (Frauen und Mädchen der Komitees) in traditioneller Tracht der Virgen de los Desamparados Blumen dar *(rechts)*.

5 Cavalcada del Patrimoni

Der Umzug am 10. März führt jedes Jahr von La Lonja de la Seda zur Plaza del Ayuntamiento. Er greift Aspekte der valencianischen Kultur auf und steht seit 2016 auf der UNESCO-Liste des immateriellen Kulturerbes.

6 L'Indult del Foc

Vom 5. Februar bis zum 15. März präsentiert das Museu de les Ciències *(siehe S. 26)* die besten *ninots* von allen Fallas-Komitees – rund 800 Exemplare – und lässt sie vom Publikum bewerten. Der *ninot* mit den meisten Stimmen wird »begnadigt« und von den Flammen verschont.

Ein Hauch Las Fallas rund ums Jahr

Die bei »L'Indult del Foc« begnadigten *ninots* erhalten einen Platz im Museo Fallero *(siehe S. 95)*, wo sie rund ums Jahr zu bewundern sind. Wie eine *falla* entsteht, wird im Museo del Gremio de Artistas Falleros *(siehe S. 104)* erklärt. La Casa de los Falleros in der Calle de Quevedo ist einer von mehreren Läden, wo die traditionellen Seidenkleider, die die *falleras* z. B. zur »Ofrena de Flors« tragen, genäht werden.

7 Nit del Foc

Bei der beliebten »Nacht des Feuers« am 18. März, dem fraglos größten der abendlichen Feuerwerke im Jardín del Turia *(siehe S. 22f)*, schießen in Alameda um Mitternacht Tausende Raketen über dem trockenen Flussbett in den Himmel.

8 La Cremà

Höhepunkt der Festlichkeiten ist die Nacht des 19. März, wenn nach und nach die *fallas* angezündet werden – zuletzt die große auf der Plaza del Ayuntamiento – und Valencia erhellen. Ursprung ist ein alter Brauch der Zimmerleute, die im März Hölzer verbrannten, die im dunklen Winter zum Halten der Öllampen gedient hatten.

9 La Plantà

»Das Aufstellen« der *fallas* ist aufwendig und wird vom Publikum aufmerksam verfolgt *(links)*. Die Künstler werkeln oft die ganze Nacht, um am 16. März pünktlich um 8 Uhr fertig zu sein – nur dann darf man am Wettbewerb für die beste *falla* der Stadt teilnehmen.

10 Cavalcada del Foc

Die bunte, laute und von viel Feuerwerk begleitete Parade *(oben)* läutet die letzte Nacht der Feierlichkeiten ein. Start ist um 19 Uhr an der Plaza del Puerto del Mar.

TOP 10 Parque Natural de la Albufera

Knapp zehn Kilometer südlich der Stadt bilden die Feuchtgebiete des Parque Natural de la Albufera eine der bedeutendsten Naturregionen Europas. Das Gebiet umfasst Sümpfe und Lagunen, Küstenwälder und Sanddünen, Reisfelder, Strände und nicht zuletzt den namensgebenden See – Albufera stammt vom arabischen *al-buhaira* für »der See«. Die Dünen zwischen See und Meer durchziehen zahlreiche Fußpfade, zu den meisten Attraktionen führen zudem malerische Fahrradwege.

1 Muntanyeta dels Sants

Der Hügel mit der Klause aus dem 17. Jahrhundert bietet als einzige Erhebung im Parque Natural de la Albufera den besten Blick über die Reisfelder *(siehe S. 120)*.

2 Ullal de Baldoví

Der winzige See ist eine der wenigen Süßwasserquellen des Parks und ein Paradies für Vögel, die Europäische Sumpfschildkröte und andere gefährdete Wildtiere.

Infobox

Karte B5 ▪ www.parquesnaturales.gva.es

Centro de Interpretación Racó de l'Olla: Carretera del Palmar ▪ +34 963 868 050 ▪ tägl. 9–14 Uhr

▪ Für ein Mittagessen empfiehlt sich eines der vielen Paella-Restaurants in El Palmar.

▪ Reizvolle Bootsfahrten bei Sonnenuntergang bieten Paseos en Barca por la Albufera (+34 961 042 335 oder 686 886 053) und Natura Albufera (www.albuferapaseosenbarca.com).

3 La Albufera

Der namensgebende Süßwassersee *(oben)* mitten im Feuchtgebiet ist etwa so groß wie Valencia – und im Durchschnitt weniger als einen Meter tief. Er entstand vor 6000 Jahren, als die in den Flussmündungen von Turia und Júcar abgelagerten Sedimente zusammenwuchsen. Gegrabene Kanäle, die *golas*, verbinden ihn mit dem Meer.

4 Puerto Catarroja

In dem alten römischen Hafen liegen die traditionellen, *albuferencs* genannten Holzboote, die noch immer die Kanäle rund um den See befahren. Die hiesige Spezialität ist valencianisches *all i pebre*, ein würziger Schmortopf mit Aal und Kartoffeln.

6 El Palmar

Paella-Restaurants säumen die Straßen des verschlafenen Fischerdorfs El Palmar *(links)*, wo das Reisgericht angeblich erdacht wurde.

7 Strände

Gut ein Dutzend Strände liegen an der Küste zwischen Pinedo im Norden nahe der Stadt und Gola de Sant Llorenç an der südlichen Parkgrenze. Die Palette reicht von der beliebten weiten Playa del Saler *(siehe S. 53)* bis zu einsamen Stränden, die man nur zu Fuß erreicht.

Vogelwelt in La Albufera

In den unterschiedlichen Habitaten des Parque Natural de la Albufera leben mehr als 350 Vogelarten, darunter Flamingos, Nachtreiher, das seltene Purpurhuhn und Greifvögel wie Rohrweihe und Zwergadler. Der Naturpark mit seiner Lagune und den ausgedehnten Sümpfen ist ein wichtiger Rastplatz für Zugvögel auf ihren alljährlichen Routen zwischen der Arktis und Afrika. Mitunter sammeln sich hier bis zu 50 000 Exemplare.

La Devesa 8

Die Dünenlandschaft *(rechts)*, die den Lagunensee vom Meer trennt und sich etwa 30 Kilometer lang an der Küste erstreckt, ist ein fragiles Ökosystem. Hier wachsen vor allem Palmen, Kiefern und dichtes mediterranes Strauchwerk.

5 El Saler

Der Name des ruhigen Dorfs kommt vom Salz, das man früher in den Fischerhütten mit den steilen Reetdächern *(barracas)* gelagert hat, bis es ins nördlich gelegene Valencia weitertransportiert wurde. El Saler ist ein sehr guter Ausgangsort für Strandwanderungen.

9 Centro de Interpretación Racó de l'Olla

Das Besucherzentrum, das in einem separaten Naturreservat liegt, informiert über die hiesige Fauna und Flora. Ein Beobachtungsturm und mehrere Plattformen *(unten)* bieten Blick auf eine oft von Flamingos bevölkerte Lagune.

10 Tancats

Diese Reisfelder, die die Marschlandschaft in einen Flickenteppich verwandeln, wurden im 18. und 19. Jahrhundert vom See abgetrennt und mit Deichen umgeben – *tancat* ist valencianisch für geschlossen –, um die Wasserhöhe je nach Wachstumsphase regulieren zu können.

TOP 10 Xàtiva

Das hübsche Xàtiva (Jativa) ist vor allem für das Castell de Xàtiva bekannt. Die hoch gelegene Burg wurde sowohl von den Römern als auch von den Karthagern befestigt. Sie lag in strategisch bester Lage an der Via Augusta, die von Rom über die Pyrenäen und bis nach Cádiz führte. Die Straße den Burgberg hinauf säumen Kapellen, in den Gassen der Altstadt entdeckt man reizvolle Kirchen und Museen. Auf der Plaza del Mercado findet dienstags und freitags ein Markt statt.

1 Capilla de la Reina María

In der um 1450 erneuerten gotischen Kapelle wurden viele Gefangene der Burg bestattet, auch Jaime II, Graf von Urgell.

2 Hospital Reial

Das königliche Hospital wurde 1244 von Jaime I gegründet, der heutige Bau stammt aus dem 16. Jahrhundert. Die Fassade vereint Elemente der Gotik und der Renaissance *(links)*. Besonders hübsch sind die musizierenden Engel am Hauptportal.

3 Porta Ferrissa

Das imposante »Eisentor« (*castellano:* Puerta de Hierro) am oberen Ende der Carretera del Castell bildet den Eingang zur Burg. Gleich darüber befindet sich ein Fries mit dem Wappen der Stadt.

4 Torre de Santa Fe

Den Originalturm zerstörte 1813 ein Erdbeben. Heute befindet sich an dessen Standort an der höchsten Stelle der Burg ein runder Turm, von dem man einen wunderbaren Blick auf Xàtiva und die umliegenden Hügel hat.

5 Gefängniszelle des Grafen von Urgell

Im Glauben, er sei der Nächste in der Thronfolge, initiierte Jaime II (1380–1433), Graf von Urgell, einen Aufstand gegen Fernando I – erfolglos. Er wurde eingekerkert und verbrachte die letzten 20 Jahre seines Lebens im Verlies der Burg *(links)*.

6 Colegiata Basílica de Santa María

Xàtivas Sprichwort »Das dauert länger als der Bau der Kathedrale« bezieht sich auf diese auch La Seu genannte Kirche *(oben)*. An ihr wird seit 1596 gebaut – und sie ist noch immer nicht fertig. Zu den Schätzen im Museum der Kirche gehört auch ein gotischer Goldkelch von Papst Calixt III.

7 Plaça de la Trinitat

Auf dem zentralen Platz der mittelalterlichen Altstadt steht ein schöner gotischer Brunnen. In Spanien gibt es nur noch wenige seiner Art.

8 Castell Menor

Die »Untere Burg«, der älteste Teil der Festung, stammt noch aus vorrömischer und römischer Zeit. Hier soll der karthagische General Hannibal Barca die Belagerung von Sagunto im 3. Jahrhundert v. Chr. geplant haben. Von der hoch gelegenen Stätte reicht der Blick weit über das Bixquert-Tal.

9 Museo del Almodí

Das archäologische Museum in einem früheren Kornspeicher *(rechts)* zeigt neben Objekten aus iberischer, westgotischer und römischer Zeit auch einen verzierten maurischen Wassertrog aus dem 11. Jahrhundert.

10 Sant Feliu

Die dem heiligen Felix geweihte Kirche wurde 1265 erbaut und ist eine der ältesten in der Region Valencia. Glanzstücke sind das gotische Altarbild und einige verwitterte, aber überaus eindrucksvolle Wandgemälde aus dem 14. Jahrhundert.

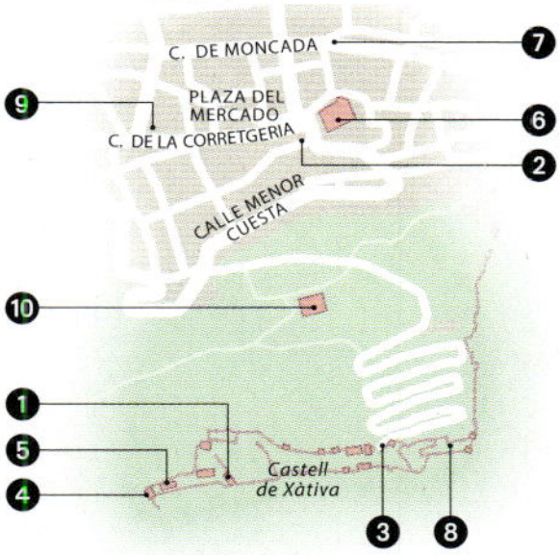

Die Borgias in Xàtiva

Die politisch mit allen Wassern gewaschenen Borgias (span. Borja) gehörten in der Renaissance zu Europas mächtigsten Adelsgeschlechtern. Mit Papst Calixt III. (1455–58) und Papst Alexander VI. (1492–1503), Neffe des Ersteren, brachte die Familie Borgia gleich zwei Päpste hervor – beide waren in Xàtiva zur Welt gekommen.

Infobox

Karte B6 ■ www.xativaturismo.com

Castell de Xàtiva: +34 962 283 787 ■ Di–So 10–20 Uhr (im Sommer bis 21 Uhr) ■ Eintritt 6 €

Colegiata Basílica de Santa María: Plaza Calixto III ■ Mo–Sa 10.30–13 Uhr, So 11.30–13 Uhr ■ Eintritt 3 €

Museo del Almodí: c/Corretgeria 46 ■ +36 962 276 597 ■ Di–So 10–14.30 Uhr ■ Eintritt 3 €

Sant Feliu: Di–Sa 10–13 & 15–18 Uhr (im Sommer 16–19 Uhr), So 10–13 Uhr

■ Am Fremdenverkehrsbüro der Stadt startet ein Bähnchen, das Besucher auf den steilen Burgberg fährt (12.30 & 16.30 Uhr).

■ Exzellente Tapas serviert z. B. El Túnel *(siehe S. 121)*.

Themen

Volkstänzer bei der Fiesta de la Virgen de los Desamparados

TOP 10 Historische Ereignisse

1 Römische Stadt

Auf einer Insel mitten im Fluss Tyrus (Turia) gründeten römische Legionäre 138 v. Chr. die Siedlung Valentia Edetanorum. Sie wurde 75 v. Chr. von Pompeius zerstört, aber 50 Jahre später unter Kaiser Augustus wiederaufgebaut – mit einem großen Forum, das heute unter der Plaza de la Virgen liegt.

2 Christen & Westgoten

Als das Römische Reich im 5. Jahrhundert zusammenbrach, erstarkte die christliche Gemeinde der Stadt und übernahm schließlich den Senat. Mitte des 6. Jahrhunderts fiel Valentia an die Westgoten, die zwar Paläste und eine Kathedrale bauten, deren Herrschaft jedoch von wirtschaftlichen Unruhen geprägt war.

3 Mauren & Reconquista

Im Jahr 714 wurden die Westgoten von muslimischen Invasoren aus Nordafrika besiegt. Die Mauren führten in Balansiya, wie die Stadt nun hieß, ihre Sprache und ihre Religion ein. Mit dem Zusammenbruch des Kalifats von Córdoba 1010 wurde Balansiya Hauptstadt seines eigenen Taifa-Reichs (muslimisches Kleinkönigreich). Die Stadt wurde Ende des 11. Jahrhunderts kurz von El Cid besetzt und 1238 – im Zuge der Reconquista – von Jaime I rückerobert.

El Cid fällt im Jahr 1094 in Valencia ein

4 Blütezeit der Kunst

Nach einer stürmischen Ära mit Aufständen und Kriegen erlebte Valencia im 15. Jahrhundert Frieden und Wohlstand. Durch den Handel mit Seide und anderen Waren entwickelte sich die Stadt zu einer der reichsten und einflussreichsten in Europa. Kunst und Kultur erblühten.

5 Ende des Königreichs

Als sich Valencia im Spanischen Erbfolgekrieg gegen Felipe V und auf die Seite Kaiser Karls VI. stellte, besiegelte es sein Ende als unabhängiges Königreich. Nach Karls Niederlage in der Schlacht bei Almansa 1707 entzog Felipe der Stadt sämtliche Privilegien, die ihr Jaime I mehr als 450 Jahre zuvor gewährt hatte – ein Schritt zur Einigung Spaniens.

Napoleonische Kriege, Valencia

6 Französische Besetzung

In den napoleonischen Kriegen zwischen Frankreich und dem von Großbritannien und Portugal unterstützten bourbonischen Spanien (1807–14) besetzten die Franzosen unter Marschall Louis-Gabriel Suchet kurzzeitig auch Valencia (1812/13).

7 Ära der Expansion

Im 19. Jahrhundert wuchs Valencia durch die Industrialisierung rasant an – seine Einwohnerzahl vervierfachte sich. Um Platz für neue Häuser und Transportwege zu schaffen, wurde die Stadtmauer abgerissen.

Spanischer Bürgerkrieg, 1936

8 Bürgerkrieg

Als sich in Spanien die Konflikte zwischen Linken und Rechten verschärften, entzündete sich mit General Francisco Francos Putsch gegen die Zweite Spanische Republik im Juli 1936 der Spanische Bürgerkrieg. Die republikanische Regierung zog im November 1936 nach Valencia um, die Stadt fiel jedoch am 30. März 1939 an Francos rechtsgerichtete Truppen der Nationalisten.

9 Die Ära nach Franco

Valencia litt wie ganz Spanien unter der Diktatur General Francos. Durch die Große Flut des Río Turia 1957, die mehr als 80 Menschen das Leben kostete, hatte sich die wirtschaftliche Not noch verschlimmert. Francos Tod 1975 und Spaniens Rückkehr zur Demokratie bedeuteten auch größere regionale Autonomie: Im Jahr 1983 wurde Valencia zur *Comunidad Valenciana* (Autonome Gemeinschaft Valencia) und Valencianisch zweite Amtssprache.

10 Erneuerung

Die jüngere Stadtgeschichte ist durch Erneuerung geprägt. Die Ciudad de las Artes y las Ciencias trägt seit 2004 zu Valencias Beliebtheit als Reiseziel bei, für den America's Cup 2007 wurde das Hafengebiet erneuert. Aktuell wird das alte Fischerviertel El Cabanyal saniert.

Persönlichkeiten der Geschichte

1 Decimus Junius Brutus Callaicus
Der Konsul der Römischen Republik (180–113 v. Chr.) gründete 138 v. Chr., gleich nach Amtsantritt, Valentia.

2 San Vicente Mártir
Der Priester Vicente de Huesca, der 304 unter Kaiser Diokletian den Märtyrertod starb, ist heute Schutzheiliger Valencias.

3 El Cid
Fünf Jahre lang war der charismatische Ritter Rodrigo Diaz de Vivar (1043–1099) in Valencia buchstäblich »der Herr«.

4 Jaime I
Jakob I. (1208–1276) eroberte Valencia 1238 und machte daraus ein Königreich.

5 San Vicente Ferrer
Der als wundertätig geltende Dominikanermönch (1350–1419) ist Schutzpatron der Autonomen Gemeinschaft Valencia.

6 Isabel de Villena
Die Nonne (1430–1490) schuf mit ihrer Biografie über Jesus, *Vita Christi*, ein bedeutendes valencianisches Werk.

7 Juan de Ribera
Der Erzbischof von Valencia (1532–1611) wurde 1960 heiliggesprochen.

8 Felipe III
Indem Philipp III. (1578–1621) die christlich gewordenen Mauren *(moriscos)* vertrieb, schadete er Valencias Wirtschaft.

9 Constanti Llombart
Der Schriftsteller (1843–1893) war führend in der Renaixença, einer Bewegung, die sich u. a. für die Revitalisierung der valencianischen Sprache einsetzte.

10 Rita Barberá
Als Valencias Bürgermeisterin initiierte die Politikerin (1948–2016) ein ehrgeiziges Erneuerungsprogramm, ihre Amtszeit (1991–2015) war jedoch von Korruptionsvorwürfen geprägt.

Rita Barberá

TOP 10 Kirchen & Klöster

1 Iglesia de San Juan de la Cruz

Hinter der strengen Fassade der Renaissancekirche verbirgt sich verspieltes Rokoko. Wände und Decke verzierten Hipólito Rovira und Luis Domingo im 18. Jahrhundert mit Gipsengeln, floralen Motiven und biblischen Szenen in Weiß und Gold *(siehe S. 87)*.

Fliesendekor an der Iglesia de San Juan de la Cruz

2 Iglesia de Santa Catalina

Die gotische Kirche, eine der ältesten in Valencia, ist der heiligen Catalina Thomàs, einer mallorquinischen Nonne aus dem 16. Jahrhundert, geweiht. Der sechseckige barocke Glockenturm aus dem 18. Jahrhundert ist ein augenfälliges Wahrzeichen des Centro Histórico *(siehe S. 80)*.

3 Basílica de la Virgen de los Desamparados

Karte M2 ■ Plaza de la Virgen ■ tägl. 7–14 & 16–21 Uhr ■ www.basilicadesamparados.org

Dieses hübsche Gotteshaus ist der Heiligen Jungfrau der Schutzlosen, einer Stadtheiligen Valencias, geweiht. Die mit Kleidern und Schmuck verzierte Marienfigur trägt wegen ihres gebogenen Rückens den Namen La Geperudeta – die kleine Bucklige. Sie sitzt in einem ovalen Raum mit Fresken von Antonio Palomino in der Kuppel.

4 Parroquia de San Nicolás

Im 17. Jahrhundert wurde der Innenraum der gotischen Kirche spektakulär barockisiert. Der spanische Künstler Dionis Vidal malte drei Jahre lang an den Szenen aus dem Leben der Heiligen Nikolaus und Petrus in den Kirchenschiffen *(siehe S. 12)*.

5 Iglesia de San Juan del Hospital

Die Kirche wurde 1238 – als Erste nach der Reconquista – geweiht. Ursprünglich umfasste sie ein Kloster, einen Friedhof und ein Krankenhaus. Die Kirche verfiel in den 1930er Jahren, wurde dann als Kino genutzt und gehört seit den 1960er Jahren zum Opus Dei *(siehe S. 78)*.

Gottesdienst in der Basílica de la Virgen de los Desamparados

Iglesia de los Santos Juanes

6 Iglesia de los Santos Juanes

Die auch als Iglesia de San Juan del Mercado bekannte Kirche wurde 1240 – wie viele in Valencia – am Ort einer Moschee errichtet. Der heutige Bau mit dem barocken Innenraum und den Fresken in der großen Kuppel stammt aus dem 16. Jahrhundert. Auf dem Dach stehen Statuen von Johannes dem Täufer und Johannes Evangelista *(siehe S. 80)*.

7 Iglesia del Carmen

Karte L1 ■ Plaza del Carmen ■ Di – So 10 – 19 Uhr

Die Pfarrkirche von 1343 gehörte einst zu dem Kloster, das nun Sitz des Centre del Carme *(siehe S. 13)* ist. Am oberen Teil der Fassade an der Plaza del Carmen ist das barocke Dekor aus der Mitte des 17. Jahrhunderts – mit Salomonischen Säulen und muschelförmigen Nischen – am besten zu bewundern.

8 Real Colegio-Seminario de Corpus Christi

Der Beiname des Priesterseminars, El Patriarca, bezieht sich auf seinen Gründer Juan de Ribera, Erzbischof von Valencia und Patriarch von Antiochia. Der Komplex hütet herrliche Kunstwerke: Fresken des genuesischen Malers Bartolomé Matarana in der Kirche, flämische Wandteppiche in der Kommunionskapelle und Werke von El Greco und Caravaggio im Museum *(siehe S. 88)*.

9 Ermita de Santa Llúcia

Karte K4 ■ c/Hospital 15 ■ Di – So 9 – 13 Uhr

Die hübsche kleine Klause ist der Schutzheiligen der Blinden geweiht. Sie wurde 1399 von der Lucia-Bruderschaft im gotischen Stil erbaut und später barockisiert. Die Kunstwerke im Innern umspannen mehrere Jahrhunderte.

10 Real Monasterio de Santa María del Puig

Das Königliche Kloster der Heiligen Jungfrau von El Puig umfasst eine gotische Kirche und ein Klostergebäude im Renaissancestil. Es diente als Gefängnis und als Schule und wird heute für offizielle Veranstaltungen genutzt. Hier leben noch immer Mönche vom Orden der Mercedarier, den Petrus Nolascus 1218 in Barcelona gründete *(siehe S. 117)*.

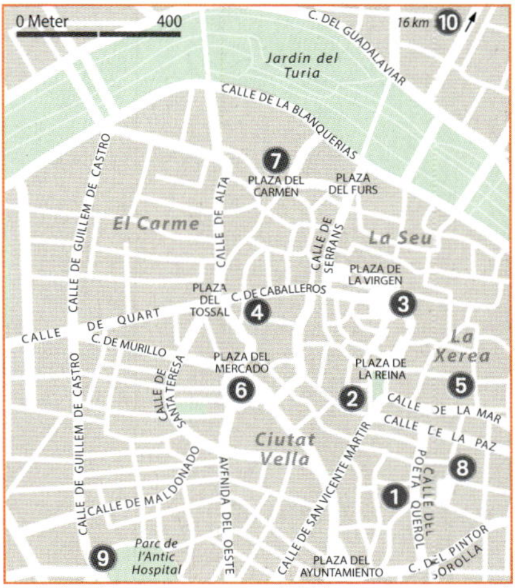

TOP 10 Architektur

Reich verzierte Fassade des Palacio del Marqués de Dos Aguas

1 Palacio del Marqués de Dos Aguas

Karte M3

Der Palast, Sitz des Museo Nacional de Cerámica *(siehe S. 88)*, zeigt die opulenteste Fassade in Valencia. Das Alabasterportal im Stil des Churriguerismus wurde von Hipólito Rovira entworfen und von Ignacio Vergara skulptiert.

2 Ciudad de las Artes y las Ciencias

Höhepunkt des von Santiago Calatrava und Félix Candela gestalteten neofuturistischen Ensembles ist der Palau de les Arts Reina Sofía, der wie ein riesiges aufgebrochenes Ei aussieht *(siehe S. 26–29)*.

3 La Lonja de la Seda

Die Seidenbörse aus dem 16. Jahrhundert ist der eindrucksvollste gotische Profanbau der Stadt. Im Mittelpunkt steht die schöne Sala de Contratación, das Gebäude zeigt aber auch Geniestreiche des Steinmetzes Pere Compte oder Tore mit skurrilen Schnitzereien *(siehe S. 20f)*.

4 Mercado Central

Der riesige Markt für frische Erzeugnisse residiert in einem der schönsten Gebäude der Stadt. Die katalanischen Architekten Alexandre Soler i March und Francesc Guàrdia i Vial bauten die Markthalle 1914 bis 1928 in lupenreinem *modernismo valenciano (siehe S. 18f)*.

5 El Cabanyal

Karte G4

Im alten Fischerviertel von Valencia stehen elegante Stadthäuser, deren Fassaden vollständig mit bunten Fliesen verkleidet sind.

6 Estación del Norte

Valencias Hauptbahnhof, von 1906 bis 1917 vom hiesigen Architekten Demetrio Ribes er-

Estación del Norte

baut, zeigt eine Reihe hübscher Modernisme-Details wie die originalen Fahrkartenschalter aus Holz, die ornamentalen Lampen und die Buntglasfenster *(siehe S. 95)*.

7 Mercado de Colón

Das Marktgebäude wurde 1916 zur Versorgung des Nobelviertels L'Eixample von Francisco Mora entworfen, einem Schüler des katalanischen Architekten Domènech i Montaner, dessen Einfluss deutlich zu sehen ist *(siehe S. 96)*.

8 Veles e Vents

Das minimalistische Bauwerk wurde von David Chipperfield und Fermín Vázquez für den America's Cup 2007 entworfen und in weniger als einem Jahr erbaut *(siehe S. 110f)*.

Veles e Vents im Hafen von Valencia

9 Catedral de Valencia

Der reizvolle Mix aus gegensätzlichen Stilen, für den Valencias Kathedrale bekannt ist, zeigt sich deutlich an den drei Hauptportalen: der barocken Puerta de los Hierros, der gotischen Puerta de los Apóstoles und der romanischen Puerta del Palau *(siehe S. 14–17)*.

10 Palacio de las Comunicaciones

Es gibt Postämter und es gibt Valencias monumentales Hauptpostamt an der Plaza del Ayuntamiento. Das klassizistische Gebäude wurde von Miguel Ángel Navarro Pérez aus Zaragoza erbaut und 1922 fertiggestellt – samt Löwenkopfbriefkästen und einer sehr eindrucksvollen Buntglaskuppel *(siehe S. 87)*.

Gebäude mit Fliesendekor

In der Horchatería de Santa Catalina

1 Horchatería de Santa Catalina
In dem Café sind zur *horchata* schöne Fliesenbilder zu bewundern *(siehe S. 84)*.

2 Mercado de Colón
Fliesenbilder mit bäuerlichen Szenen aus La Huerta zieren das Modernisme-Meisterwerk *(siehe S. 96)*.

3 Casa del Oso
Karte H4 ▪ c/Mediterráneo 37
Das Fassadenmosaik an diesem Haus ist das besterhaltene in ganz El Cabanyal.

4 Salón de la Fama, Museo y Colegio del Arte Mayor de la Seda
Hier zeigt ein schönes Mosaik einen Engel, der Valencias Seide symbolisiert. Ihn umgeben die damals bekannten vier Erdteile *(siehe S. 88)*.

5 Fremdenverkehrsbüro in Manises
An der Fassade der ehemaligen Töpferei in Manises *(siehe S. 117)* werden Handel, Handwerk und Produktion thematisiert.

6 Museo Nacional de Cerámica
In der valencianischen Küche im zweiten Stock zeigen die Fliesen historische Tätigkeiten und Lebensmittel *(siehe S. 88)*.

7 Consulado del Mar, La Lonja
Die Technik, in der die Fliesenbilder von Jaime I und dem heiligen Vinzenz Ferrer in der Seidenbörse gefertigt wurden, ist als *socarrat* bekannt *(siehe S. 20)*.

8 Estación del Norte
Die herrlichen Mosaiken im alten Wartesaal des Bahnhofs präsentieren ländliche Szenen aus La Albufera *(siehe S. 95)*.

9 Palau Ducal dels Borja, Gandia
Ein schönes Mosaik in der Galería Dorada zeigt die vier Elemente *(siehe S. 118)*.

10 Palau de les Arts Reina Sofía
Mosaiken aus keramischen Bruchstücken *(trencadís)* bedecken Calatravas umwerfendes Opernhaus in der Ciudad de las Artes y las Ciencias *(siehe S. 26)*.

TOP 10 Museen & Ausstellungen

Sakrale gotische Kunst aus Valencia im Museo de Bellas Artes

1 Museo de Bellas Artes

Das Kunstmuseum ist eines der bedeutendsten in ganz Spanien. Die Sammlungen reichen von Meistern der Renaissance über valencianische gotische Kunst bis zu Werken von Joaquín Sorolla, dem »Meister des Lichts« *(siehe S. 30–33)*.

2 Museo Nacional de Cerámica

Das Museum präsentiert in einem luxuriösen Palacio Spaniens größte Keramiksammlung. Die Palette an Stilen umfasst Mudéjar-Schalen wie auch Werke von Picasso. Ein besonderes Glanzstück ist der Nachbau einer typisch valencianischen Küche. Der Entwurf stammt von Manuel González Martí, dem Gründer des Museums *(siehe S. 88)*.

3 Centre del Carme

Im ehemaligen Kloster an der Plaza del Carmen nutzt heute ein Kulturzentrum Refektorium und Dormitorium für Kunstausstellungen und andere Events *(siehe S. 13)*.

4 Museo y Colegio del Arte Mayor de la Seda

Im Jahr 2016 erklärte die UNESCO Valencia zur westlichen Hauptstadt der Seidenstraße. Man kann wohl nirgendwo mehr über die Geschichte des Seidenhandels in Valencia erfahren als in diesem Museum in einem restaurierten gotischen Gebäude im alten Seidenweberviertel Barrio de Velluters *(siehe S. 88f)*.

5 Museo del Patriarca

Das kleine Museum gehört zum Real Colegio-Seminario de Corpus Christi *(siehe S. 88)* und birgt Teile der großen Kunstsammlung, die der Gründer Juan de Ribera zusammengetragen hat, darunter Werke von Jan Provost und Ignacio Pinazo.

6 Museo Fallero

Das Museum beim Jardín del Turia präsentiert *ninots*, die Las Fallas *(siehe S. 34f)* überlebt haben, erläutert die Entstehung einer *falla* und zeigt Plakate zu dem beliebten Fest ab dem Jahr 1929 *(siehe S. 95)*.

***Ninot*-Skulptur im Museo Fallero**

7 CaixaForum València

Das beeindruckende Àgora-Gebäude von Santiago Calatrava ist Teil der Ciudad de las Artes y las Ciencias *(siehe S. 27)* und zeigt regelmäßig große Kunstausstellungen. In dem großen Auditorium finden zudem musikalische Darbietungen, Vorträge und Diskussionen statt.

8 La Almoina

In dem archäologischen Museum führen Stege über römische, westgotische und arabische Relikte durch die Stadtgeschichte. Zu sehen sind u. a. römische Bäder, der Hof vom Haus eines maurischen Statthalters, Fundamente einer westgotischen Kathedrale und die Cripta de la Cárcel de San Vicente Mártir *(siehe S. 77)*.

Institut Valencià d'Art Modern

9 Institut Valencià d'Art Modern (IVAM)

Dieses renommierte Museum für moderne Kunst besitzt mehr als 10 000 Werke und zeigt in seiner Dauerausstellung Kunst vom Abstrakten Expressionismus bis zur Pop-Art. 2019 wurde zum 30. Jubiläum des Hauses ein Skulpturengarten eröffnet *(siehe S. 13)*.

10 Museu de les Ciències

»Nichtberühren verboten« ist der Slogan des interaktiven Wissenschaftsmuseums in der Ciudad de las Artes y las Ciencias, wo sprechende Gehirne zeigen, wie Sprache funktioniert, wo man sich mit Umweltschutz im Mittelmeer beschäftigen kann und wo ein Wald aus Chromosomen wächst *(siehe S. 26)*.

Kulturelle Schwergewichte

Radierung mit Ausiàs March

1 Ausiàs March
Der Dichter (1400–1459) zählt zu den einflussreichsten des 15. Jahrhunderts.

2 Joanot Martorell
Der Ritter (um 1410–1465) schrieb seinen Ritterroman *Tirant lo Blanc* auf Valencianisch.

3 Pere Compte
La Lonja de la Seda und Torres de Quart sind Werke des aragonesischen Hofbaumeisters und Steinmetzen (gest. 1506).

4 Joan Lluís Vives
Der Humanist (1493–1540), ein Philosoph der Renaissance, gilt als »Vater der modernen Psychologie«.

5 Joan de Joanes
Valencias bedeutendster und einflussreichster Renaissancemaler (1507–1579) ist auch als Vicente Juan Masip bekannt.

6 Hipólito Rovira
Der Maler und Bildhauer (1695–1765) gestaltete u. a. die Fassade des Palacio del Marqués de Dos Aguas.

7 Teodoro Llorente Olivares
Der Jurist, Schriftsteller und Dichter (1836–1911) war eine Schlüsselfigur der Renaixença – der Bewegung zum Erhalt der valencianischen Identität.

8 Joaquín Sorolla
Spaniens berühmtester impressionistischer Maler (1863–1923) war ein Valencianer *(siehe S. 33)*.

9 Carmelina Sánchez-Cutillas
Die oft übersehene Dichterin und Historikerin (1921–2009) schrieb fast ausschließlich auf Valencianisch.

10 Santiago Calatrava
Bauten des revolutionären Architekten (geb. 1951) stehen in vielen Städten auf der ganzen Welt *(siehe S. 29)*.

TOP 10 Parks & Plazas

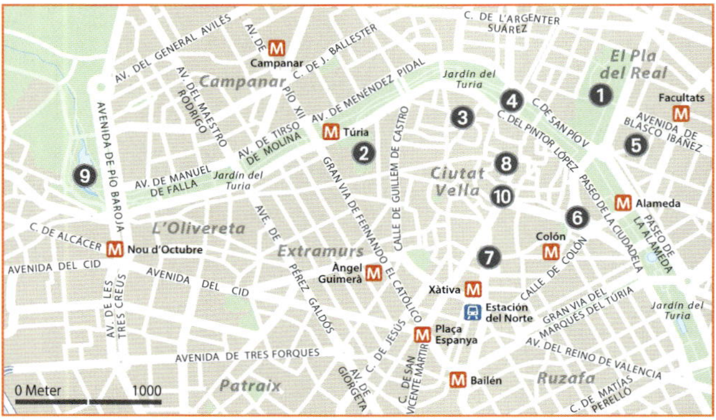

1 Jardines del Real

Dieser weitläufige Park, auch Los Viveros genannt, war früher ein königlicher Lustgarten. Heute wird er häufig für öffentliche Veranstaltungen genutzt – z. B. für Konzerte während der Gran Fería de Valencia *(siehe S. 73)* im Juli und als Büchermarkt zur Fería del Libro im Frühling *(siehe S. 104)*.

Kakteen im Jardín Botánico

2 Jardín Botánico

Der botanische Garten der Universität von Valencia wurde 1802 auf dem Gelände des Huerto de Tramoyeres angelegt. Rund 4500 Pflanzenarten aus aller Welt – vom Obstbaum bis zur Heilpflanze – sind hier in ihrer ganzen Vielfalt und ansprechend arrangiert zu bewundern *(siehe S. 103)*.

3 Plaza del Carmen

Karte L1

Die ruhige Plaza vor der Pfarrkirche Iglesia del Carmen *(siehe S. 45)* aus dem 14. Jahrhundert ist ein versteckter Altstadtplatz, wie er fürs nördliche Centro Histórico typisch ist. Nachmittags sitzen die Anwohner hier gern im Schatten eines knorrigen alten Orangenbaums.

4 Jardín del Turia

Der Jardín del Turia ist nicht einfach nur ein Park, sondern die grüne Lunge der Stadt und ein bei den Valencianern sehr geschätztes Fitnessareal – mit von Bäumen gesäumten Fußwegen, Radwegen und diversen Sportanlagen. Im alten Flussbett des Río Turia zieht er sich vom Parque de Cabecera neun Kilometer bis zur Ciudad de las Artes y las Ciencias *(siehe S. 22f)*.

5 Jardín de Monforte

Angelegt wurde der hübsche Park vom Marqués de San Juan, den Namen hat er aber von der Familie, die ihn nach dessen Tod 1872 übernommen hat. In der klassizistisch gestalteten Anlage teilen Zypressenhecken verschiedene Gärten ab, die Teiche, Brunnen, einen Pavillon und viele schöne Statuen aus Carrara-Marmor bergen *(siehe S. 106)*.

6 La Glorieta
Karte N3

Der vom französischen Marschall Louis-Gabriel Suchet im Jahr 1812 angelegte Park wurde seither oft verändert. Inzwischen locken hier riesige, an die 170 Jahre alte Feigenbäume, eine Büste des Malers Francisco Domingo Marqués von Mariano Benlliure und weitere Statuen berühmter Valencianer sowie ein Kinderspielplatz viele Besucher an.

7 Plaza del Ayuntamiento
Karte L4

Die schöne, mit Brunnen versehene Plaza ist der Hauptplatz im südlichen Centro Histórico. Hier stehen das namensgebende Rathaus *(siehe S. 89)* und der klassizistische Palacio de las Comunicaciones *(siehe S. 47)*. Zum Finale von Las Fallas *(siehe S. 34f)* wird hier die letzte *falla* entzündet.

8 Plaza de la Virgen

Als Besucher kommt man immer wieder zu dem zentralen Platz mit Valencias Kathedrale und der rosafarbenen Basílica de la Virgen de los Desamparados. Die Figuren am zentralen Brunnen symbolisieren den Río Turia und seine acht Hauptkanäle. Die Vertreter der an diesen Kanälen liegenden Gemeinden treffen sich wöchentlich zum Tribunal de las Aguas *(siehe S. 71)* an der Puerta de los Apóstoles *(siehe S. 77)*.

See im Parque de Cabecera

9 Parque de Cabecera

Der um einen hübsch glitzernden See angelegte Park am Nordende des Jardín del Turia ist die grüne Verbindung zwischen dem Río Turia und dessen altem Flussbett. Wege führen zu einem Aussichtspunkt auf einem Hügel und durch mediterrane Gehölze. Er bietet zudem ein Freiluft-Auditorium, einen Bootsverleih und Kinderspielplätze *(siehe S. 106)*.

10 Plaza de la Reina
Karte M3

Die quirlige Plaza ist kein typischer Stadtplatz: Um die lang gestreckte, mit Blumenbeeten geschmückte Anlage rauscht der Straßenverkehr. Rings um den rechteckigen Platz stehen Palmen und eine Reihe stattlicher Häuser mit Cafés, Tapas-Bars und Geschenkeläden. Am Nordende thront majestätisch die Catedral de Valencia.

Die Plaza de la Virgen mit Brunnen, Kathedrale und Basilika

TOP 10 Strände

Marina Beach Club, Playa de las Arenas

1 Playa de las Arenas

Die Kräne im nahen Hafen verleihen dem breiten Strand eine Art Industriekulisse. Mit dem schicken Marina Beach Club zieht dieser ein etwas jüngeres Publikum an als Valencias andere Stadtstrände. Nach einem angenehm entspannten Vormittag am schönen Strand winkt ein Mittagessen mit spanischer Paella oder der valencianischen Variante mit Nudeln *(fideuà)* in einem Lokal am Paseo Marítimo *(siehe S. 110)*.

2 Playa de la Malvarrosa

Von Valencias langer Reihe goldener Stadtstrände ist dieser zentrale Abschnitt nördlich des Hafens besonders beliebt – und dabei doch nie zu dicht bevölkert. Vom Stadtzentrum aus ist es nur eine kurze Tramfahrt zur Playa de la Malvarrosa. Die Valencianer treffen sich hier rund ums Jahr zum Sonnenbaden, zum Plaudern und zum Beachvolleyball *(siehe S. 111)*.

3 Playa de la Devesa

Karte B5

Den 30 Kilometer langen Naturstrand an der Küste des Parque Natural de la Albufera *(siehe S. 36f)* begrenzen Lagunen und Kanäle, die von vielen Tieren bevölkert sind. Fußwege laden dazu ein, das faszinierende Ökosystem der Küstendünen zu erkunden.

4 Playa de Pinedo

Karte B5

Den honigfarbenen Sandstrand des alten Fischerdorfs am Stadtrand von Valencia säumt eine lange Promenade mit vielen Tapas-Bars und Restaurants. Am besten kommt man mit dem Fahrrad – der Weg führt über die Mündung des umgeleiteten Río Turia. Am Südende des Strands liegt jenseits der Promenade ein FKK-Abschnitt.

5 Playa de les Palmeres

Karte B5

Der windige Strand liegt knapp 30 Kilometer südlich der Stadt an einem in Ansätzen erschlossenen Küstenabschnitt des Parque Natural

Playa de la Malvarrosa

Kitesurfer an der Playa de les Palmeres

de la Albufera und ist ein Mekka für Kitesurfer – im Sommer werden hier auch Kurse angeboten. Auf einem der Leihräder, die die Stadt bereitstellt, kann man die Promenade erkunden und die Aussicht genießen.

6 Playa del Saler

Karte B5

Der Strand bei El Saler *(siehe S. 37)* ist der Star unter der Reihe schöner Strände im Parque Natural de la Albufera. Die Entfernung zum Stadtzentrum beträgt etwa 15 Kilometer. Den rund 2,5 Kilometer langen Streifen feinsten weißen Sands schützen Dünen und Kiefern.

7 Playa de la Patacona

Man erreicht den Strand am Ende von Valencias drei Kilometer langer Sandküste nicht so bequem wie die Stadtstrände im Süden, dafür verspricht er aber auch mehr Ruhe. Hier genießen nur ein paar Valencianos den Tag in einer der *chiringuitos* (Strandbars). La Patacona ist der Strand des Stadtteils Alboraya und heißt deswegen auch Playa de la Alboraya *(siehe S. 110)*.

8 Playa Port Saplaya

Karte B5

Das Feriendorf Port Saplaya, sieben Kilometer nördlich der Stadt, heißt wegen seiner bunten Häuser und der Marina, in der Boote schaukeln, auch Klein-Venedig. Der ruhige Strand ist gut erschlossen, hier kann man sich in vielen Bars mit einer kalten *horchata (siehe S. 65)* erfrischen. Die Erdmandeln dafür wachsen auf den umliegenden Feldern und wurden früher vom alten Hafen des Orts aus verschifft.

9 Playa de Gandia

Karte B6

Der breite Strand, der im Sommer von Traktoren »gekämmt« und gesäubert wird, wirkt nicht einmal in der Hochsaison überfüllt. Hinter den säumenden Palmenreihen und der Promenade liegen eine Straße und Hochhäuser mit vielen Restaurants und Bars. Für Unterhaltung sorgen Spielplätze, Basketballkörbe und Netze für Beachvolleyball.

10 Playa del Puerto de Sagunto

Karte B5

Der gepflegte Strand nahe der alten Stadt Sagunto ist ein beliebtes Ziel für Familienausflüge. Obwohl der Hafen so nahe liegt, ist das Meer sehr sauber. Hinter dem südlichen Abschnitt ragen Dünen auf, am Nordende kann man gut Krabben fischen.

TOP 10 Sport & Aktivitäten

1 Basketball

Valencia ist verrückt nach Basketball, daher hängen Körbe an vielen freien Mauern – die wahre Post geht jedoch im Pavelló Municipal Font de Sant Lluís ab. Das auch La Fonteta genannte Stadion in Na Rovella südlich von Ruzafa ist Heimstatt des Valencia Basket Club. Das Team spielt in der Liga ACB, Saison ist von Oktober bis Mai.

Basketballspiel in La Fonteta

2 Wasserbiken

Ciudad de las Artes y las Ciencias ■ tägl. 11–19.15 Uhr ■ Gebühr

Das ist nur eine der Aktivitäten, die im großen Pool der Ciudad de las Artes y las Ciencias *(siehe S. 26f)* möglich sind – es gibt auch Kajaks und Ruderboote. Ein Wasserbike, das man hier für zehn Minuten ausleihen kann, ähnelt einem Surfbrett mit Lenker. Um vorwärtszukommen, tritt man stehend in die Pedale.

3 Pelota valenciana

Bei der valencianischen Variante der spanischen Pelota donnern zwei Teams einen kleinen Ball aus Holz und Stierleder *(vaqueta)* mit bloßer Hand über ein Netz. Regeln und Abläufe unterscheiden sich von Ort zu Ort – in Valencia ist die 1910 eingeführte Escala i corda beliebt, die auf einem Spielfeld mit vier Wänden *(trinquet)* gespielt wird.

4 Fußball

Ja, es ist ein Klischee, aber Fußball ist in Spanien wirklich eine Religion. Es lohnt sich, ein Spiel des Valencia Club de Fútbol (FC Valencia) im Stadion La Mestalla *(siehe S. 105)* zu besuchen – oder Levante Unión Deportiva (UD Levante), Valencias Zweitligateam, im Estadi Ciutat de València *(siehe S. 58)* anzufeuern. Saison ist von August bis Mai.

5 MotoGP

Traditioneller Abschluss der MotoGP-Saison ist der Gran Premi de la Comunitat Valenciana (Großer Preis von Valencia) im November auf dem Circuit Ricardo Tormo, 23 Kilometer westlich von Valencia. Er zählt zu den größten Events im Motorradrennsport, auch wegen der riesigen Zuschauermengen.

6 Segeln

Valencia ist stolz auf seine Tradition im Segelsport. Die Stadt war schon zweimal Austragungsort des America's Cup (2007 und 2010) und mit der Queen's Trophy Regatta findet hier jährlich eine der größten Regatten Spaniens statt. Auch weniger ehrgeizige Segler können bei den Anbietern im Real Club Náutico Boote und Katamarane chartern.

Segler vor der Küste von La Albufera

Radler an der Playa de la Malvarrosa

7 Radfahren

Die Radwege Valencias kommen insgesamt auf eine Länge von rund 200 Kilometern, zudem haben Radler in den 40 *ciclocalles* Vorfahrt. Eine der schönsten und familienfreundlichsten Routen führt durch den Jardín del Turia *(siehe S. 22f)*. Viele Fahrradverleiher erlauben es, Räder an einem Ort zu mieten und anderswo abzugeben *(siehe S. 125)*.

8 Tauchen

Buceo Valencia: +34 960 628 081; www.buceovalencia.com

Im Meer vor Valencia ist erstaunlich viel Leben zu beobachten, die besten Tauchreviere liegen aber etwas entfernt – z. B. im Süden Las Corvas, ein paar Kilometer vor Cullera, und im Norden die Islas Columbretes. Buceo Valencia ist nur einer der Anbieter, die auch Anfängerkurse im Programm haben.

9 Rugby

Die zwei Profiteams von Valencia spielen in den unteren spanischen Rugby-Ligen. Nicht weniger unterhaltsam sind die Matches der Amateure auf dem Camp de Rugby del Riu im Jardín del Turia.

10 Ballonfahren

Totglobo: +34 629 611 889 ■ www.totglobo.com

Ballonfahren ist ein magisches Erlebnis. Wer Valencias schönes Umland auch einmal aus der Vogelperspektive sehen will, kann morgens 35 Kilometer südlich von Xàtiva in Bocairent abheben. Die Fahrten in rund 1500 Meter Höhe dauern in der Regel eine Stunde.

Sportlegenden

1 »Mundo«
Edmundo Suárez Trabanco (1916–1978) vom FC Valencia war in den 1940er Jahren Spaniens Top-Torjäger.

2 Johan Cruyff
Die niederländische Fußballlegende (1947–2016) kickte für Ajax, Barcelona – und 1981 für Levante Unión Deportiva.

3 Mario Kempes
Der Fußballer (geb. 1954), der mit Argentinien Weltmeister wurde, schoss für den FC Valencia 116 Tore in 185 Partien.

4 »Genovés I«
Sein valencianischer Geburtsort brachte Paco Cabanes Pastor (1954–2021), vielfacher Pelota-Meister, den Spitznamen ein.

5 Santiago Cañizares
Der Torhüter (geb. 1969) spielte 445-mal für den FC Valencia, auch in den Finals der Champions League 2000 und 2001.

6 Álvaro Navarro Serra
Der für eine harte Linke bekannte Pelotaspieler (geb. 1973) gewann sechs Mal in Folge die Einzelliga in der Escala i corda.

7 »Nacho« Rodilla
José Ignacio Rodilla Gil (geb. 1974) war neun Jahre beim Valencia Basket Club und 1998 Most Valuable Player (MVP).

8 David Albelda
In den 15 Jahren beim FC holte der Valencianer (geb. 1977) zweimal den Meistertitel und einmal den UEFA Super Cup.

9 Bojan Dubljević
Der Basketballer (geb. 1991) aus Montenegro war MVP, als er 2017 mit dem Valencia Basket Club Meister wurde.

10 Roger Martí
Der Rekordtorschütze (geb. 1991) stieg aus dem Jugendkader in die erste Mannschaft des FC Valencia auf.

Roger Martí in Aktion

Folgende Doppelseite Pergola mit Bougainvilleen im Jardín de Monforte

TOP 10 Unbekanntes Valencia

Bombas Gens Centre d'Art

1 Bombas Gens Centre d'Art

Sitz des modernen Kunstzentrums ist eine Fabrik aus den 1930er Jahren nördlich des Jardín del Turia. Architekt Ramón Esteve beließ die schöne Art-déco-Fassade und gestaltete den Rest in Anlehnung an die Industriegeschichte des Baus mit viel Ziegel und Stahl. Die ausgestellte Kunst gehört der Fundació Per Amor a l'Art *(siehe S. 103)*.

2 Monasterio de San Miguel de los Reyes

Der Klosterkomplex im nördlichen Stadtteil San Lorenzo war Vorbild für El Escorial, den Palast nahe Madrid, wo fast alle spanischen Könige bestattet sind. Das 1546 vom Herzog von Kalabrien gegründete Hieronymitenkloster wurde unter Franco zum Gefängnis, heute ist es Valencias Zentralbibliothek *(siehe S. 105)*.

3 Horchatería Daniel

Diese großartige *horchatería* wurde 1979 von Daniel Tortajada eröffnet und ist seitdem ein Renner. Sie liegt in der Kleinstadt Alboraya nördlich von Valencia. Dort werden traditionell die *chufa* genannten Erdmandeln für die milchige *horchata* (valencianisch *orxata*) angebaut *(siehe S. 106)*.

4 Estadi Ciutat de València

Karte E2 ▪ c/San Vicente de Paúl ▪ www.levanteud.com

Das Heimstadion von Levante Unión Deportiva liegt nordöstlich des Centro Histórico in Orriols. Valencias »anderer« Fußballclub steht im Schatten des jüngeren Valencia Club de Fútbol, hat aber sehr treue Fans. Vorteil für Besucher: Für die unterhaltsamen Spiele der »Granotas« (Frösche) bekommt man in der Regel noch am Spieltag ein Ticket an der Kasse.

5 Trinquet de Pelayo

Karte L5 ▪ c/Pelayo 6 ▪ www.pelayogastrotrinquet.es

Seit 1868 wird in diesem *trinquet* (Spielfeld) Pelota valenciana *(siehe S. 54)* gespielt – nirgendwo lässt sich eine Escala i corda besser verfolgen. In der Regel spielen Teams mit zwei bis vier Spielern gegeneinander. Auf den Stufen direkt beim Spielfeld sitzt man als Zuschauer quasi mitten im

Der beliebte Sport Pelota ist auch Thema des Restaurants im Trinquet de Pelayo

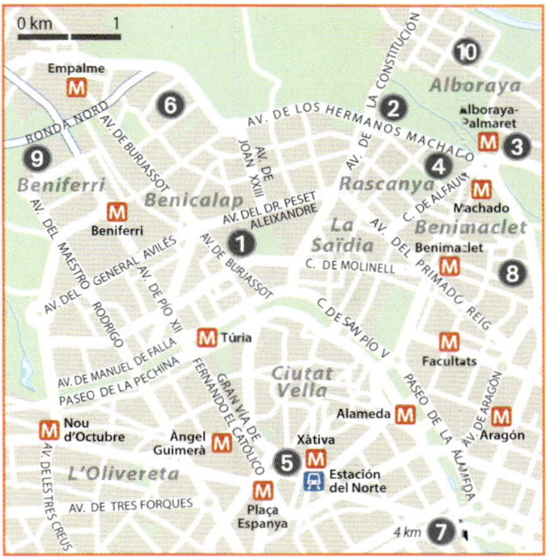

Geschehen. Zu der beliebten Pelota-Halle gehört auch ein einladendes Restaurant.

6 Museo del Gremio de Artistas Falleros

Das Museum der Fallas-Künstlergilde in der Ciudad Fallera bietet interessanten Einblick in die Welt der spektakulären Figuren, die beim berühmten Fest Las Fallas *(siehe S. 34f)* die Hauptrolle spielen. Das Haus erläutert die Arbeit der Designer, Schreiner, Bildhauer und Maler, die gemeinsam die überaus kunstvollen *fallas* erschaffen *(siehe S. 104)*.

7 Llar Roman

Für viele Valencianer ist die *arrocería* (auf Reisgerichte spezialisiertes Restaurant) in Pinedo die beste der Stadt. Die Besitzer perfektionieren seit gut 40 Jahren ihre leckere mediterrane Küche, die auch diverse Paellas umfasst. Das Lokal jenseits des Río Turia ist mit Buslinie 25 (ab Plaza de la Puerta del Mar) gut zu erreichen *(siehe S. 121)*.

8 Espai Verd

Karte F3 ■ c/Músico Hipólito Martínez 16

Der Wohnblock in Benimaclet im Nordosten der Stadt wurde vom Architekten Antonio Cortés Ferrando in enger Absprache mit den künftigen Bewohnern gestaltet. Das ungewöhnliche Ergebnis ist ein begrünter terrassierter Komplex im Stil des Brutalismus mit Wohnungen, Läden und Innenhöfen – der Name bedeutet »Grüner Raum«. Die Einheiten sind so unregelmäßig übereinandergestapelt, dass jedes Stockwerk so viel Tageslicht wie möglich erhält.

9 Tavella Restaurant

In Pablo Chirivellas Restaurant im nördlichen Stadtviertel Beniferri fühlt man sich, als wäre man Gast in einem alten, wunderschön möblierten Privathaus. Hinter der großen Holztür des 100 Jahre alten Bauernhauses kann man mediterrane Küche aus frischen Zutaten der Region genießen. Dafür wurden die einstige Stube und die Küche des Hauses zum Gastraum umgewandelt *(siehe S. 107)*.

10 Lladró

Der Lladró-Firmensitz in Tavernes Blanques, 15 Minuten nördlich der Stadt, ist Laden, Museum und Atelier zugleich. Die Brüder Juan, Vicente und José Lladró gründeten ihre Porzellanmanufaktur in den 1950er Jahren. Erst wurden nur Vasen und Kännchen produziert, im Jahr 1956 begann man mit der Herstellung der zarten und detailreichen, handbemalten Porzellanfiguren, die den Namen Lladró weltweit bekannt machten. Der handwerkliche Aufwand und die hohe Kunst schlagen sich natürlich auch im Preis nieder *(siehe S. 106)*.

Figur von Lladró

TOP 10 Kinder

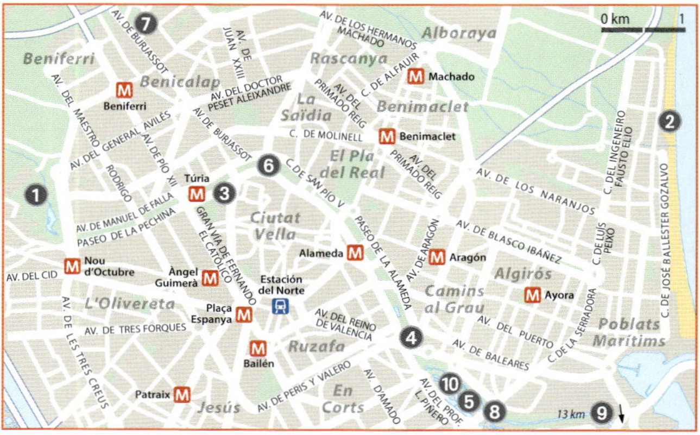

1 Bioparc

Tiere aus Afrika rennen, grasen oder schaukeln in den naturnah gestalteten Gehegen dieses ökologischen Tierparks. Wie in der Natur leben hier verschiedene Arten in Arealen zusammen; die Bereiche tragen Namen wie Savanne, Regenwald, Marschland und Madagaskar. Regelmäßig gibt es Führungen und Fütterungen, besonders unterhaltsam ist es morgens bei den Lemuren *(siehe S. 104)*.

Erdmännchen im Bioparc

2 Strände

Drei Kilometer feiner weicher Sand in unmittelbarer Nähe – in Valencia liegen nördlich der Marina gleich drei Strände, die mit Sonnenliegen, Schirmen, Volleyballnetzen und Strandfußballfeldern ausgestattet sind. An der Strandpromenade reihen sich Restaurants, Tapas-Bars und Läden, die kalte Getränke und Eiscreme verkaufen *(siehe S. 52f)*.

3 Teatro la Estrella

Dieses Marionettentheater macht nicht nur Kindern Spaß. Die Aufführungen, meist Märchen, finden in der kleinen Sala Petxina – halb Museum, halb Theater – nahe dem Jardín del Turia statt. Die Puppenspieler blicken auf 30 Jahre Erfahrung zurück und sind sogar schon in der Sesamstraße aufgetreten *(siehe S. 106)*.

4 Parque Gulliver

Auf dem Spielplatz am Südende des Jardín del Turia klettern Kinder wie die Bewohner Liliputs aus *Gullivers Reisen* auf dem dahingestreckten Romanhelden, der mit Netzen an den Boden »gefesselt« ist. In den Falten seiner Kleidung verstecken sich allerlei Treppen und Rutschen *(siehe S. 23)*.

5 Museu de les Ciències

Das rundum interaktive Wissenschaftsmuseum *(siehe S. 49)* ist eine große Attraktion in der Ciudad de las Artes y las Ciencias. Neugierige Kinder können hier nach Herzenslust an einer Vielzahl von Exponaten drücken, ziehen, drehen und sich ausprobieren – besonders spannend sind die beweglichen Schaustücke im Chromosomenwald, die das menschliche Genom darstellen, und der (gebührenpflichtige) Space-Simulator *(siehe S. 26)*.

Freizeitspaß im Jardín del Turia

6 Jardín del Turia

Für Kinder ist die autofreie Grünanlage ein einziger großer Spielplatz und ein toller Ort zum Radfahren – tatsächlich gelangt man hier ohne Verkehrsstress durch ganz Valencia und passiert dabei viele der Hauptsehenswürdigkeiten. Entlang der Strecke finden sich aber auch zahlreiche Spielplätze. Im Sommer trifft man nahe der Metro-Station Alameda sogar auf einen Rummelplatz *(siehe S. 22f)*.

7 Piscina Parque Benicalap

Karte C2 ■ c/Andreu Alfaro 8 ■ +34 960 048 931 ■ 8. Juni – 8. Sep: Mo – Fr 12 – 18.30 Uhr, Sa & So 11 – 19 Uhr ■ Eintritt

Das Erlebnisbad im Viertel Benicalap ist am Wochenende und in den Ferien oft dicht bevölkert, verspricht aber immer einen unterhaltsamen Nachmittag. Zur Anlage gehören mehrere Becken – auch ein Planschbecken – mit Wasserrutschen, eine Seilrutsche und ein Hindernisparcours. Ein Schwimmbecken ist Erwachsenen vorbehalten. Liegen und Sonnenschirme stehen zum Verleih, außerdem gibt es Picknicktische.

8 Oceanogràfic

Riesige Seespinnen, bizarre Sägefische, Seedrachen und Haie sind nur ein paar der interessanten Tierarten im Aquarium der Ciudad de las Artes y las Ciencias. Die großartige Einrichtung verfügt auch über die größte Quallenabteilung Europas und eine Schutzstation für Meeresschildkröten *(siehe S. 26)*.

9 Bootfahren in La Albufera

Im Parque Natural de la Albufera *(siehe S. 36f)* stehen hölzerne Ruderboote zum Verleih, um die Kanäle und das Röhricht rund um den riesigen See zu befahren. Unterwegs sieht man zahllose Vögel auf dem Wasser und in der Luft kreisen – insbesondere morgens und am späten Nachmittag. Ein schönes Erlebnis sind aber auch Fahrten bei Sonnenuntergang.

10 Hemisfèric

Auf dem See vor dem Hemisfèric in der Ciudad de las Artes y las Ciencias kann man beim Aqua-Zorbing praktisch über Wasser laufen – dank riesiger Plastikkugeln. Großen Eindruck auf Kinder machen in der Regel auch die realistischen 3-D-Filme im IMAX-Kino. Die spannenden Themen reichen von Weltraum bis Wildnis *(siehe S. 27)*.

Aqua-Zorbing vor dem Hemisfèric

TOP 10 Bars & Clubs

Wilder Pomp, so weit das Auge reicht, erwartet Gäste im Café de las Horas

1 Café de las Horas

Mit Kronleuchtern und Samtvorhängen, Gemälden, Statuen und Blumenvasen erinnert die extravagante Bar im Barrio del Carmen an einen Mix aus Pariser Boudoir und viktorianischem Bordell. Kosten Sie *Agua de Valencia*, den Drink aus frisch gepresstem Orangensaft, Cava, Wodka und Gin *(siehe S. 83)*.

2 L'Umbracle Terraza

Im spektakulären Bogengang, der Besucher der Ciudad de las Artes y las Ciencias in Empfang nimmt, lädt diese schöne Bar an lauen Abenden zu einem Drink unter freiem Himmel und einem Tänzchen unter Palmen ein. Im zugehörigen Club Mya *(siehe S. 27)* im Untergeschoss wird dann weitergefeiert *(siehe S. 99)*.

3 Jimmy Glass Jazz Bar

Valencias ältester Jazzclub legt den Fokus auf ein ambitioniertes Programm, das Spitzenkünstlern eine Bühne bieten soll. Das Dekor ist eher nebensächlich: Abgesehen von den Konzertpostern an den Wänden sieht es hier wie in vielen anderen schummrigen Bars des Barrio del Carmen aus. Rund vier Sessions pro Woche präsentieren berühmte und noch unbekannte Jazzmusiker *(siehe S. 83)*.

4 Radio City

Von Flamenco bis zu Funk: Dieser alteingesessene Club in der Calle Santa Teresa ist für seine besondere Bandbreite an musikalischen Genres bekannt. Darüber hinaus ist der Veranstaltungskalender dicht bepackt mit Kunstausstellungen, Kurzfilmabenden und Theateraufführungen *(siehe S. 83)*.

5 L'Ermità

Das gemütliche Kulturcafé bietet eine breite Auswahl an Craftbieren und erfreut sich vieler loyaler Stammgäste. Das freundliche Personal sorgt für gute Stimmung und geboten ist hier eigentlich auch immer was: Livemusik, Fotoausstellungen, Brettspielabende oder die wöchentlichen Zeichen-Workshops Drink and Draw *(siehe S. 83)*.

6 Tyris on Tap

Die Bar der hiesigen Craftbier-Brauerei Tyris serviert zehn Biersorten vom Fass und zu jeder gibt es eine spezielle Knabberei – zum Torrija z. B. ein Stück Schokolade. Wer sich nicht entscheiden mag, kann die Sorten auch erst verkosten. Getrunken wird im schicken Industrial-Style-Gastraum oder auf der ruhigen Terrasse *(siehe S. 83)*.

7 Ubik Café

Das scheinbar bunt zusammengewürfelte Café mit Buchladen ist typisch für das kulturell aktive Viertel Ruzafa. Zwischen antiquarischen Romanen und Gedichtsammlungen trifft man sich hier auf einen Kaffee oder ein Craftbier – oder genießt das bunte Veranstaltungsprogramm aus Livemusik, Kunstausstellungen, Stand-up-Comedy und Kinder-Workshops *(siehe S. 99)*.

Im Ubik Café dreht sich alles um Bücher

8 Café del Duende

Eine der besten Bühnen für traditionellen Flamenco in Valencia liegt nahe dem Jardín del Turia. Die zwei bis drei Tänzer auf dem kleinen Podium werden von Sängern und einem Gitarristen angefeuert. An Wochenenden bietet das gemütliche Lokal vier einstündige Shows, darunter eine – familienfreundlich – am frühen Sonntagabend *(siehe S. 106)*.

Café Sant Jaume

9 Café Sant Jaume

Holzverkleidung und Regale voller Medizinflaschen – was heute eine legendäre Café-Bar ist, war früher unverkennbar eine Apotheke. Wer im Barrio del Carmen unterwegs ist, stärkt sich hier gern mit einem Glas *Agua de Valencia* nach Geheimrezept oder einer Sangria auf der Terrasse, während er entspannt dem Kommen und Gehen auf der geschäftigen Calle de Caballeros zusieht *(siehe S. 83)*.

10 Akuarela Playa

Im Sommer kann man auf der Terrasse des Clubs an der Playa de la Malvarrosa *(siehe S. 52)* unter Palmen die Nacht durchtanzen, bis man die Sonne über dem Mittelmeer aufgehen sieht. Vier separate Bereiche bieten unterschiedliche Musikstile – die Palette reicht von Hip-Hop bis Techno *(siehe S. 112)*.

TOP 10 Restaurants & Tapas-Bars

Mittagessen in der Casa Montaña

1 Casa Montaña

Die 1836 eröffnete Bodega an einer Straßenecke in El Cabanyal zählt zu den besten Tapas-Bars der Stadt. Die Küche sucht sich in ganz Spanien die besten Zutaten zusammen: Sardinen aus Kantabrien, Schinken aus León und Kartoffeln aus den Bergen von Teruel für die scharfen *patatas bravas* *(siehe S. 113)*.

2 Ricard Camarena Restaurant

Nur ein Jahr nach der Eröffnung erhielt das Restaurant von Starkoch Ricard Camarena schon seinen zweiten Stern. Gemüse steht im Mittelpunkt der kreativen Gerichte – »biologisch« und »regional« sind dabei wichtige Aspekte. Da das schöne Lokal nur wenige Plätze hat, ist Reservieren ratsam *(siehe S. 107)*.

3 Navarro

Das schöne mediterrane Restaurant hinterm Rathaus ist perfekt für ein entspanntes Mittagessen – am besten an einem der Tische vor der Tür, in der Fußgängerzone. Die Küche bietet eine ansehnliche Auswahl valencianischer Gerichte, auch Seafood. Die Zutaten werden jeden Morgen frisch vom Mercado Central geholt *(siehe S. 91)*.

4 Gordon 10

In dem gemütlichen argentinischen Steakhaus kommt das Fleisch traditionell von der *parrilla* (Grill) und ist immer ein Gaumenschmaus. Mit leckeren *empanadas* (gefüllte Teigtaschen) und ein, zwei Gläschen Malbec wird daraus ein regelrechtes Festessen *(siehe S. 101)*.

5 Llar Roman

Der Weg zu dieser *arrocería* lohnt sich, sie ist quasi ein Geheimtipp *(siehe S. 59)*. Spezialität des bei Valencianern beliebten Restaurants ist Paella, aber auch andere valencianische Klassiker wie *arroz de pato* (Reis mit Ente, Bohnen und Steckrüben) sind großartig *(siehe S. 121)*.

***Arroz de pato* im Llar Roman**

6 Refugio

Gegenüber von dem originellen Restaurant im Barrio del Carmen steht ein Luftschutzbunker aus dem Spanischen Bürgerkrieg, was den Namen »Schutzort« erklärt. Für die köstliche Fusionsküche mischt man Zutaten aus aller Welt: Es gibt z. B. Fleisch vom Iberischen Schwein in Satay-Sauce oder Thunfisch in weißer Miso mit Jalapeños. Das eher karge Dekor steht in starkem Kontrast zu den intensiven und gewagten Aromen *(siehe S. 85)*.

7 La Salvaora

Flamenco ist Thema des reizenden Restaurants im Herzen des Centro Histórico: Schwarz-Weiß-Porträts von *figuras* (Flamenco-Stars) vergangener Tage zieren die Wände, im Hintergrund läuft Musik. Der eigentliche Star ist hier jedoch das Essen: eine kleine, aber feine Auswahl mediterraner Gerichte zu günstigen Preisen *(siehe S. 85)*.

8 Nozomi Sushi Bar

In dem exzellenten Sushi-Restaurant pflegt man eine echte Leidenschaft für japanische Kultur und Küche. Das kühle Interieur, von grauem Beton und Bambusholz geprägt, erinnert an ein nobles Stadthaus in Kyoto. Authentisches Tempura kann hier ebenso überzeugen wie superfrisches Sushi und Sashimi *(siehe S. 101)*.

Sake-Auswahl in der Nozomi Sushi Bar

9 El Poblet

Küchenchef dieses Sterne-restaurants ist Luís Valls Rozalén, selbst aufgehender Stern am spanischen Restauranthimmel und Schüler des legendären Quique Dacosta. Der Einfluss des Lehrmeisters zeigt sich im kreativen Einsatz typisch valencianischer Zutaten wie Reis, Aal und Tintenfisch *(siehe S. 91)*.

10 Casa Guillermo

Spezialität der reizenden weiß getünchten Tapas-Bar im Fischerviertel El Cabanyal sind Anchovis – sie schmecken in *bocadillos* (Sandwiches) mit Paprikas und Oliven und vor allem als Tellergericht mit Olivenöl und Knoblauch *(siehe S. 113)*.

Spezialitäten

***Esgarrat* auf geröstetem Brot**

1 *Esgarrat*
Die Kombination aus Kabeljau und gegrillten Paprikas wird kalt genossen und schmeckt köstlich auf knusprigem Brot.

2 *Clóchinas*
Die kleinen salzigen Muscheln werden nur in Monaten ohne »r« geerntet und serviert.

3 *Agua de Valencia*
Für den echt valencianischen Cocktail braucht man Cava, Wodka, Gin und frisch gepressten Orangensaft.

4 *All i pebre*
Aus der Albufera-Gegend stammt dieser deftige Eintopf aus Aal und Kartoffeln in Knoblauch-Paprika-Sud.

5 *Arnadí*
Das traditionelle Dessert aus Kürbis und Mandeln stammt aus Xàtiva. Die Form erinnert an eine marokkanische Tajine.

6 *Fideuà*
Das Seafood-Gericht ähnelt einer klassischen *paella*, statt Reis kommen hier aber Nudeln zum Einsatz.

7 *Horchata* (val. *orxata*)
Zu dem erfrischenden, am besten eiskalt genossenen Getränk aus Erdmandeln *(chufas)*, Wasser und Zucker isst man gern warme *fartóns*, ein Hefegebäck.

8 *Paella*
Valencias berühmteste Spezialität enthält traditionell Kaninchen, Bohnen und Schnecken – kommen rosa Languste dazu, ist es eine *paella de marisco*.

9 *Suquet de peix*
Mit dem Kartoffel-Fisch-Eintopf verwerteten die Fischer einst Reste ihres Fangs.

10 Wein
Die drei *Denominaciones de Origen* der Region Valencia heißen Utiel-Requena, Valencia und Alicante *(siehe S. 119)*.

TOP 10 Cafés & Konditoreien

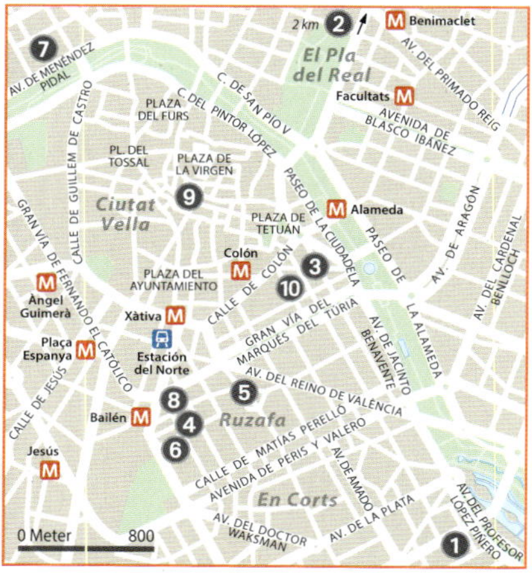

1 La Pequeña Pastelería de Mamá

Die nette Konditorei im südlichen Stadtviertel Quatre Carreres scheint einem Lifestyle-Magazin entsprungen. Sie bietet eine tolle Auswahl an *bocadillos* und anderen Sandwiches, doch die wahre Attraktion sind die bilderbuchschönen Kuchen *(siehe S. 100)*.

2 Horchatería Daniel

Die Horchatería Daniel ist Valencias berühmtester Hersteller des beliebten Getränks aus Erdmandeln. Es gibt eine Filiale im Mercado de Cólon in L'Eixample *(siehe S. 96)* und eine in der Calle de San Vicente Màrtir im Centro Histórico, doch traditionsbewusste Fans handgemachter *horchata* pilgern zum Original-Café in Alboraya, in dem schon Salvador Dalí Stammgast war *(siehe S. 106)*.

3 La Petite Brioche Sorní

In diesem gemütlichen Bäckereicafé beim Jardín del Turia trifft Industrial Style à la Brooklyn auf Pariser Boulangerie-Nostalgie. Es gibt gutes Frühstück, hausgemachte Kuchen und Feingebäck, leckere Quiches, verschiedene Salate und den ganzen Tag über frisches Brot *(siehe S. 100)*.

4 Café ArtySana

Typisch für das Szeneviertel Ruzafa: Das lässige Künstlercafé bietet Raum für Ausstellungen, Livemusik, Poetry Nights u. Ä. und ist eine inspirierende Kulisse für die Gäste, die sich hier mittags gute Vollwertküche – vegetarische und vegane Gerichte wie Hummus, Rote-Bete-Salat oder Ziegenkäsetoast mit Honig und Walnüssen – schmecken lassen. Eine besonders

Horchatería Daniel im Mercado de Cólon

Gastraum des Café ArtySana

preiswerte Option sind die dreigängigen Brunch- und Mittagsmenüs, bei denen Kaffee und Saft inbegriffen sind *(siehe S. 100)*.

5 Buñoleria El Contraste

Die köstlichen, golden frittierten *buñuelos*, die es traditionell zu Las Fallas *(siehe S. 34f)* gibt, sind in diesem schlichten Café in Ruzafa rund ums Jahr zu haben. Die Leckerei wird üblicherweise mit Kürbis zubereitet, aber donnerstags gibt es sie hier auch mit Orange. Eine weitere Spezialität des Hauses sind knusprige *churros*, die man in dicke Schokoladensauce tunken kann *(siehe S. 100)*.

6 Dulce de Leche

Die nach der lateinamerikanischen Karamellcreme benannte argentinische Bäckerei betreibt zwei Filialen in Valencia – eine davon in Ruzafa. Das fantastische Angebot an Kuchen, Strudeln, Gebäck und Torten ist überaus verlockend, deshalb muss man hier mitunter eine Weile anstehen *(siehe S. 100)*.

7 Dulzumat

Von der Boutique-Bäckerei und *pastelería* gibt es eine Filiale südlich des Centro Histórico und eine im Norden. In beiden hat man die süße Qual der Wahl zwischen einer Unzahl von Kuchen, Feingebäck und handgemachten Süßigkeiten. Für Leckermäuler lohnt sich der Besuch in jedem Fall, auch wenn die Kundenschlange schon bis auf die Straße reicht *(siehe S. 106)*.

8 Pastelería Limón y Merengue

Nicht nur bei den namensgebenden Zitronenbaisertörtchen der französisch-italienischen Konditorei besteht hohe Suchtgefahr, auch die vielen anderen Kuchen und Torten sind überaus köstlich. Wer es nicht ganz so süß mag, wird die Sauerteigbrote mit hausgemachter Marmelade lieben *(siehe S. 100)*.

9 Horchatería de Santa Catalina

Die 200 Jahre alte *horchatería*, eine echte Institution in Valencia, ist mit Fliesen aus Manises und schwarzweißem Schachbrettboden hübsch gestaltet. An heißen Tagen ist es hier angenehm kühl. Neben eiskalter *horchata* sind auch die *churros* mit Schokoladensauce und die wochenends gebotenen *buñuelos de calabaza* (Schmalzgebäck mit Kürbis) sehr zu empfehlen *(siehe S. 84)*.

Horchatería de Santa Catalina

10 Casa Orxata

Die moderne *horchatería* ist auf zuckerfreie *horchata* aus Bio-Erdmandeln spezialisiert, serviert aber auch Smoothies, Milkshakes und Eisdrinks sowie den köstlichen Zitronenkuchen *coca de llanda*. Die Lage im Mercado de Colón lädt zur Rast, während man Valencias Alltagstreiben beobachtet *(siehe S. 100)*.

Top 10 Shopping

Die kreisrunde Plaza Redonda säumen Kunstgewerbe- und Souvenirläden

1 Plaza Redonda

Ihre auffällige Form hat der von Häusern gesäumten runden Plaza den Spitznamen El Clot (das Loch) eingebracht. Sie wurde 1840 als Fischmarkt angelegt, inzwischen werden an dem 2012 sanierten Platz Souvenirs und Kunstgewerbe verkauft *(siehe S. 88)*.

2 Mercado del Cabanyal

Der Markt dient seit 1958 der Versorgung des alten Fischerviertels. Fisch und Meeresfrüchte spielen hier natürlich die erste Geige – ein Spaziergang entlang der Stände, wo Händler laut ihre Waren anpreisen, ist ein Erlebnis *(siehe S. 109)*.

3 Calle del Poeta Querol

Karte M4

Die Straße, die von der Calle de la Paz ins Herz des südlichen Centro Histórico führt, war einst für ihre Luxus-Boutiquen berühmt, heute findet man hier eine breite Palette von Läden für jeden Geldbeutel, darunter internationale Marken, aber auch spanische Labels wie Purificación García, Javier Simorra und Hoff.

4 Mercado Central

Auf dem wohl schönsten Markt der Stadt locken an 244 Ständen Schinken, Obst, Gemüse sowie köstliche Fische und Meeresfrüchte, die sich noch wenige Stunden zuvor im Mittelmeer getummelt haben *(siehe S. 18f)*.

5 Mercado de Tapineria

Dieser interessante Markt ist keiner der traditionellen Art, sondern eine Ansammlung temporärer, immer wieder neuer Pop-up-Shops *(siehe S. 80)*.

6 Calle de las Cestas

Karte L4 ■ Calle del Músico Peydró

Die »Straße der Körbe« trägt offiziell den Namen Calle Músico Peydró, ihr gängiger Spitzname bezieht sich auf die vielen Korbflechter, die in den

Korbläden in der Calle de las Cestas

Läden der schmalen Gasse seit den 1940er und 1950er Jahren handgeflochtene Körbe, Strohhüte, Espadrilles und Korbmöbel verkaufen.

7 Barrio del Carmen

In dem entspannten Viertel einzukaufen, ist ein Vergnügen. An jeder Ecke stößt man auf Vintage-Boutiquen, Galerien, Kunstgewerbeläden und Bodegas *(siehe S. 12f)*.

8 Ruzafa

Karte D5/E5

In diesem hippen Viertel südlich des Centro Histórico kann man stundenlang in netten kleinen Läden nach Vintage-Mode, ledergebundenen Büchern und Kunstwerken stöbern. Der Mercado de Ruzafa *(siehe S. 96)* ist ein typischer Nachbarschaftsmarkt mit regionalen Erzeugnissen.

Stände am Mercado de Ruzafa

9 L'Eixample

Karte E4/E5

An den Boulevards von L'Eixample reihen sich Edelboutiquen, so kann man in den Straßen zu beiden Seiten der Gran Vía del Marqués del Túria – etwa Calle de Sorní, Calle de Cirilo Amorós und Calle de Jorge Juan – wirklich viel Geld ausgeben.

10 Shoppingcenter

Nuevo Centro: www.nuevocentro.es ■ El Saler: www.ccsaler.com ■ Aqua Multiespacio: www.aqua-multiespacio.com

Wer gern alle Läden unter einem Dach versammelt hat, der sollte ein Shoppingcenter wie Nuevo Centro, El Saler und Aqua Multiespacio aufsuchen.

Valencianische Bestseller

Verschiedene Sorten *turrón*

1 *Turrón*
Der köstliche Mandelnugat kam mit den Mauren nach Spanien und ist hier traditionell eine Weihnachtsleckerei.

2 Wermut
Der mit bitteren Kräutern aromatisierte und gespritete (mit Alkohol angereicherte) Dessertwein wird pur als Aperitif getrunken oder in Cocktails gemixt.

3 Keramik
Teller, *azulejos* (Fliesen) oder kleine handgefertigte Figuren sind tolle Souvenirs.

4 Cava
Wenn Cava – edler spanischer Schaumwein nach Champagnerart – aus Valencia kommt, wurde er in der Region Utiel-Requena nordwestlich der Stadt erzeugt.

5 Schinken
Der beste *jamón serrano* ist *pata negra.* Er stammt von frei laufenden schwarzen Ibérico-Schweinen, die mit Eicheln gefüttert wurden.

6 Schmuck
Den edlen Schmuck von Vicente Gracia in der Calle de la Paz trägt auch Sofía von Spanien gern!

7 Paella-Pfannen
Die besonderen Pfannen erhält man z. B. an Ständen vor dem Mercado Central.

8 Korbwaren
Das Korbflechten ist in Valencia ein bedeutendes Handwerk. Auf Korbwaren spezialisiert sind die Läden in der Calle de las Cestas.

9 Vintage-Mode
Nach Vintage-Mode stöbert man am besten im Barrio del Carmen und in Ruzafa.

10 Wein
Die tiefroten Weine der *Denominación de Origen* Utiel-Requena werden aus Bobal-Trauben gekeltert.

TOP 10 Kostenlose Attraktionen

Strandvergnügen, Playa de las Arenas

1 Strände

Valencia hat drei einladende Stadtstrände – Playa de las Arenas, Playa de la Patacona und Playa de la Malvarrosa –, an denen sich viele Sportmöglichkeiten bieten. An der Playa de la Patacona warten von Mai bis Oktober auch einige *chiringuitos* (Strandbars). Um weitere Strände südlich und nördlich der Stadt zu erreichen, ist höchstens eine Stunde Fahrt nötig. An den meisten Stränden sorgen Rettungsschwimmer für Sicherheit *(siehe S. 52f)*.

2 Museen

Einrichtungen wie La Lonja de la Seda *(siehe S. 20f)*, Torres de Quart und Torres de Serranos sind sonntags kostenlos zugänglich, andere wie das Museo de Etnología L'ETNO *(siehe S. 12f)* gewähren an allen Tagen freien Eintritt. Eine Reihe Häuser bieten zusätzliche Gratisbesuche, z. B. das Museo Nacional de Cerámica *(siehe S. 88)* samstagnachmittags und das IVAM *(siehe S. 13)* mittwochnachmittags und sonntags.

3 Jardín del Turia

Im alten Flussbett des Río Turia kann man nicht nur wunderbar spazieren gehen und vom Verkehr unbehelligt quer durch die Stadt radeln, sondern morgens auch an Yogakursen teilnehmen *(siehe S. 22f)*.

4 Fiestas

Valencias berühmtestes Fest ist natürlich Las Fallas im Frühjahr, doch auch zu anderen Zeiten wird in irgendeinem der Stadtteile mit Prozessionen, Essensständen und Feuerwerk gefeiert – oft zu Ehren eines Heiligen *(siehe S. 72f)*.

5 Museo de Bellas Artes

Das Museum der Schönen Künste, das die größte Sammlung valencianischer Künstler in Spanien besitzt und zu den besten Kunstmuseen des Landes zählt, bietet Besuchern rund ums Jahr freien Eintritt. In Wechselausstellungen präsentierte es schon Zeichnungen von Antonio Palomino und Keramiken von Pablo Picasso *(siehe S. 30–33)*.

6 Konzerte im Palacio del Marqués de Dos Aguas

Der Konzertsaal im ersten Stock des opulenten Palacio del Marqués de Dos Aguas, Sitz des Museo Nacional de Cerámica *(siehe S. 88)*, ist jeden letzten Montag im Monat (außer im August) Kulisse für kostenlose Konzerte. Die Plätze kann man sich aussuchen, deshalb sollte man schon eine halbe Stunde vor Beginn – meist um 20 Uhr – kommen.

7 Vogelbeobachtung im Parque Natural de la Albufera

Im Marschland, an den Lagunen und in den bewaldeten Sanddünen des schönen Naturparks leben mehr als 350 Vogelarten. Man kann sie von Plattformen am

Bussard in La Albufera

Centro de Interpretación Racó de l'Olla und von den Türmen an den sumpfigen Reisfeldern Tancat de Mília und Tancat de la Pipa beobachten *(siehe S. 36f)*.

8 Stadtführungen

Free Tour Valencia: +34 693 756 042; www.freetourvalencia.com
Historische Monumente, Street-Art und wenig besuchte Sehenswürdigkeiten sind Themen der geführten Spaziergänge, die Free Tour Valencia im Centro Histórico veranstaltet. Treffpunkt ist die Plaza de la Virgen, Teilnehmer zahlen, was ihnen die Führung wert war.

9 Street-Art

In den Gassen des Barrio del Carmen *(siehe S. 12f)* sind Mauern und Wände fast gänzlich mit Gemälden *(murals)* bedeckt, vor allem rund um die Plaza del Tossal, in der Calle Baja und im Viertel Na Jordana.

Street-Art im Barrio del Carmen

10 El Tribunal de las Aguas

Valencias Wassergericht tagt schon seit über 1000 Jahren Woche für Woche auf der Plaza de la Virgen *(siehe S. 51)*. Jeden Donnerstag um 12 Uhr versammeln sich Vertreter aus allen Gemeinden an den acht vom Río Turia gespeisten Hauptbewässerungskanälen an der Puerta de los Apóstoles *(siehe S. 14)*, um anstehende Konflikte zu lösen *(siehe S. 78)*. El Tribunal de las Aguas, das stets ein großes Publikum anzieht, wurde 2009 von der UNESCO zum immateriellen Kulturerbe erklärt.

Valencia für wenig Geld

Abendessen in einem Lokal

1 An Werktagen servieren die meisten Restaurants mittags ein preisgünstiges *menú del día* (Tagesmenü).

2 Schön und preiswert ist ein Picknick, für das man sich an einem der großartigen Märkte der Stadt eindecken kann.

3 In gehobenen Restaurants isst man mittags in der Regel günstiger als am Abend. So mancher Spitzenkoch führt neben seinem teuren Nobelrestaurant auch eine schlichtere Tapas-Bar.

4 Das Frühstück in Hotels ist oft überteuert, preiswerter startet man mit einem Bäckerei- oder Cafébesuch in den Tag.

5 Statt für Bus-, Tram- und Metrofahrten Einzeltickets zu lösen, empfiehlt sich das Ticket SUMA 10 für zehn Fahrten, mit dem man fast die Hälfte des Fahrpreises spart *(siehe S. 124f)*.

6 Wer gern Museen besucht und häufig öffentliche Verkehrsmittel nutzt, für den lohnt sich die Valencia Tourist Card für einen (13,50 €), zwei (18 €) oder drei (22,50 €) Tage, die u. a. freien Eintritt in viele Museen und kostenlose Fahrt mit Bus, Tram und Metro erlaubt (www.valenciatouristcard.com).

7 Kostenlosen Kunstgenuss bieten die vielen Wandgemälde *(murals)* im Barrio del Carmen *(siehe* Spaziergang *S. 79)*.

8 Holen Sie sich mit der App *Too Good To Go* ein günstiges Essen und kämpfen Sie gleichzeitig gegen Lebensmittelverschwendung.

9 In einigen Kinos gibt es einen *día del espectador* (Zuschauertag), in der Regel mittwochs, an dem der Eintritt billiger ist.

10 Viele Clubs bieten vor Mitternacht freien Eintritt.

TOP 10 Feste & Veranstaltungen

Las Fallas auf der Plaza de la Virgen

1 Las Fallas

ganzes Stadtgebiet ■ Feb/März

Valencias berühmtestes Fest wird farbenfroh und vor allem lautstark gefeiert. Marschkapellen und Feuerwerk bilden den Rahmen für die kunstvollen *fallas* – riesige Figurenmonumente, die gern das Zeitgeschehen aufs Korn nehmen und am letzten Abend der Feierlichkeiten in Flammen aufgehen *(siehe S. 34f)*.

2 Semana Santa Marinera

El Cabañyal, Canyamelar, Grao ■ Karwoche

So farbenprächtig wie bei dieser zehntägigen Feier wird nur an wenigen Orten Spaniens die Karwoche zelebriert. Im Zentrum stehen die Prozessionen der 28 Bruderschaften der Semana Santa an der Uferfront, die mit bunten Kostümen beeindrucken. Jede steht für einen anderen Aspekt der Passion Christi.

3 Fiesta de la Virgen de los Desamparados

Centro Histórico ■ zweiter So im Mai

Das Bildnis der Heiligen Jungfrau der Schutzlosen, Schutzheilige der Stadt, wird in einer feierlichen Prozession von ihrem Zuhause, der gleichnamigen Basilika an der Plaza de la Virgen *(siehe S. 44)*, durch die Altstadt chauffiert – mit ihrem eigenen Fahrzeug, dessen Zulassungsnummer V-0075-GP das Kürzel für den Spitznamen La Geperudeta, die kleine Bucklige, beinhaltet.

4 Fronleichnam

mehrere Orte ■ achter So nach Ostern

Fronleichnam wird in Valencia seit 1355 gefeiert. Heute gehören dazu diverse Tänze, Wasserschlachten, Reiterumzüge und eine Prozession mit bootsförmigen Wagen aus dem 14. Jahrhundert.

5 Valencia Pride

mehrere Orte ■ Juni

Valencias jährliches LGBTQ+ Fest ist eine der fröhlichsten Veranstaltungen der Stadt mit tollen Partys und farbenfrohen Umzügen. Die Parade ist zwar der Höhepunkt der Veranstaltung, aber die Feierlichkeiten finden den ganzen Monat über statt.

Parade während der Valencia Pride

6 Noche de San Juan

Strände ■ Vorabend des 24. Juni

In der Johannisnacht trifft man sich an Valencias Stränden, um mit der

Familie und Freunden an Lagerfeuern ausgelassen zu feiern, zu tanzen und zu singen – ein Brauch aus vorchristlicher Zeit. Damit das kommende Jahr kein Unglück bringt, muss man um Mitternacht siebenmal über die Wellen und einmal übers Feuer springen.

7 Gran Fería de Valencia

mehrere Orte ■ Juli

Das große Volksfest wird seit 1871 gefeiert: ein ganzer Monat mit Konzerten, Theater und – typisch Valencia – reichlich Feuerwerk. Höhepunkt ist immer die Blumenschlacht *(batalla de flores)* am letzten Sonntag, bei der Frauen in traditioneller Tracht mit Tausenden Nelken beworfen werden und diese mit Tennisschlägern abwehren.

8 Fiesta del Cristo de la Salud

El Palmar ■ 4. Aug

Hauptattraktion dieses Fests ist der nachmittägliche Bootskorso auf dem See La Albufera *(siehe S. 36)*. Das anführende Boot hat die Figur des Cristo de la Salud aus El Palmar an Bord. So wird das Wasser gesegnet und für reichen Fischfang im kommenden Jahr gebeten.

9 La Tomatina

Buñol ■ letzter Mi im Aug

Im Dorf Buñol, 40 Kilometer westlich von Valencia, liefern sich Tausende von Menschen jedes Jahr eine riesige Tomatenschlacht. In den Gassen, wo sich die Leute drängen, laden Lastwagen tonnenweise reife Tomaten ab, mit denen sich dann alle bewerfen.

10 Día de la Cumunidad Valenciana & San Dionís

mehrere Orte ■ 9. Okt

Am 9. Oktober wird nicht nur der Tag der Region Valencia, der an die christliche Rückeroberung durch König Jaime I erinnert, mit Umzügen und Volkstänzen gefeiert, sondern auch der Tag des heiligen Dionysius, Valencias Äquivalent zu unserem Valentinstag.

Festtagsleckereien

Roscón de Reyes

1 *Roscón de Reyes*
Dreikönigstag, 6. Jan
In spanischen Dreikönigskuchen ist eine kleine Königsfigur oder -krone eingebacken – der Finder ist König für den Tag.

2 *Buñuelos de calabaza*
Frühlingsanfang, März
Die Kürbiskrapfen sind ein Klassiker zu Las Fallas.

3 *Torrijas*
Karwoche
Brotscheiben werden in Ei und Zimtmilch getunkt und gebraten.

4 *Monas de Pascua*
Karwoche
Die »Osteraffen« sind süße Kuchen mit einem gekochten Ei in der Mitte.

5 *Panquemao*
Karwoche
Zu dem süßen luftigen Gebäck wird gern heiße Schokolade getrunken.

6 *Sopà d'Aldaia*
27. Juli – 6. Aug
Das Mandeldessert isst man zum Fest des Santísimo Cristo de los Necesitados.

7 *Pilota de Vallivana*
8. Sep
Am Festtag der Madre de Dios de la Vallivana schmeckt dieses Mandelgebäck.

8 *Mocadorà*
9. Okt
Die bunten Marzipanstückchen schenkt man Frauen zu San Dionís.

9 *Huesos de Santo*
Allerheiligen, 1. Nov
Die Röllchen aus feinem Marzipan gibt es traditionell zu Allerheiligen.

10 *Turrón*
Weihnachtszeit
Spanischer Nugat ist hart (aus Alicante) oder weich (aus Xixona) zu haben.

Stadtteile

Der Mercado de Colón, Valencias Prachtstück in Sachen Jugendstil

TOP 10 Nördliches Centro Histórico

Im nördlichen Teil des Centro Histórico – oder der Ciutat Vella, wie Valencianer ihre Altstadt lieber nennen – liegen bedeutende Sehenswürdigkeiten, die bis zu den Anfängen Valencias im Jahr 138 v. Chr. zurückreichen. Hier stößt man auf Fragmente des römischen Forums in La Almoina, auf Relikte der Mauer, die einst das muslimische und das christliche Viertel trennte, und auf mittelalterliche Stadttore im quirligen Barrio del Carmen. Mit der Kathedrale und dem Sitz der Regionalregierung ist das Viertel das geistige und politische Zentrum der Stadt.

Figur in San Juan del Hospital

Brunnen auf der Plaza de la Virgen

1 Plaza de la Virgen

Karte M2

Auf dem schönen Platz *(siehe S. 51)* tummeln sich stets Besucher der Kathedrale, die der Jungfrau der Verlorenen in der Basílica de la Virgen de los Desamparados ihre Aufwartung machen wollen. Rast bieten ein zentraler Brunnen und ringsum eine Reihe von Bars und Cafés. Während Las Fallas *(siehe S. 34f)* wird hier eine große Marienfigur aus Holz mit Blumen geschmückt.

2 La Almoina

Karte M2 ■ Plaza de Décimo Junio Bruto ■ +34 962 084 173 ■ Mo–Sa 10–19 Uhr, So 10–14 Uhr ■ Eintritt

Das Museum an einem Platz aus römischer Zeit beleuchtet Valencias 2000-jährige Geschichte – und rund 20 Jahre archäologischer Ausgrabungen. Stege führen durch die Relikte eines Forums, einer Basilika und römischer Bäder, die nun ein mit Wasser bedecktes Glasdach überspannt. Auch westgotische Gebäude, die Kapelle vor dem Museum und Relikte aus maurischer Zeit sind zu besichtigen. La Almoina selbst war einst eine christliche Stätte zur Armenspeisung *(siehe S. 49)*.

3 Barrio del Carmen

In dem stimmungsvollen Viertel finden sich bedeutende Museen, moderne Kunstzentren, Kirchen und Reste der Stadtmauer *(siehe S. 12f)*.

4 La Lonja de la Seda

Fast 60 Jahre lang arbeiteten die meisterlichen Handwerker im 15./16. Jahrhundert an der Seidenbörse, bis diese vollendet war. Das Bauwerk aus Valencias kulturell fruchtbarster Ära ist die einzige UNESCO-Welterbestätte der Stadt *(siehe S. 20f)*.

Innenhof, La Lonja de la Seda

Stände unter der zentralen Kuppel im Mercado Central

5 Mercado Central

Die Modernisme-Markthalle ist traumhaft schön mit kunstvollen Eisengewölben und Buntglasfenstern gestaltet. In der lichtdurchfluteten Halle werden an zahlreichen Ständen *(siehe S. 81)* die besten und frischesten Erzeugnisse der Region angeboten *(siehe S. 18f)*.

6 Baños del Almirante

Karte M3 ■ c/Baños del Almirante 3 ■ wegen Renovierung vorläufig geschlossen

Valencias letztes verbliebenes arabisches Badehaus wurde Anfang des 14. Jahrhunderts im traditionellen Stil eines orientalischen Hammam erbaut und bis 1959 als Bad genutzt. Eine Zeit lang dienten die Baños del Almirante als Fitnesszentrum, 1985 wurden sie von der Stadt übernommen und saniert. Mudéjar-Torbogen und die sternförmige Hauptkuppel sorgen für schöne Atmosphäre.

El Tribunal de las Aguas

Valencias Wassergericht gilt als das älteste aktive Gericht in Europa. Es klärt Konflikte rund um die vom Río Turia gespeisten *acequias* (Bewässerungskanäle). Es tagt jeden Donnerstag zur Mittagszeit vor der Puerta de los Apóstoles der Kathedrale *(siehe S. 71)*. Die Verhandlungen werden stets auf Valencianisch geführt und nie schriftlich fixiert. Alle Konflikte werden vor Ort gelöst.

7 Iglesia de San Juan del Hospital

Karte M3 ■ c/Trinquete de Caballeros 5 ■ Mo–Fr 6.45–7.45, 9.30–13.30 & 17–21 Uhr, Sa 9.30–13.30 & 17–21 Uhr, So 11–14 & 17–21 Uhr

Die erstaunlich gut erhaltene Hospitalkirche stammt aus der Zeit der christlichen Reconquista: Mit dem Bau dankte König Jaime I dem ritterlichen Johanniterorden von Jerusalem für dessen Unterstützung im Kampf gegen die maurische Herrschaft. Die Kirche zieren schöne Details im romanischen, Mudéjar-, gotischen und – insbesondere in der reich verzierten Barbarakapelle – barocken Stil *(siehe S. 44)*.

8 Catedral de Valencia

Valencias imposante Kathedrale zeigt in Sachen Baustil ein breites Spektrum: romanische Portale, gotisches Interieur und eine opulente barocke Fassade. Ob der juwelenbesetzte Heilige Kelch, der in einer der Kapellen steht, wirklich beim Letzten Abendmahl von Jesus benutzt wurde, lässt sich kaum mit Sicherheit sagen, doch dass der Blick vom Glockenturm El Miguelete über die Dächer des Centro Histórico eindrucksvoll ist, wird niemand bestreiten *(siehe S. 14–17)*.

9 Palau de la Generalitat

Karte L2 ■ c/Caballeros 2 ■ Führungen: Mo–Fr 9–14 Uhr (nach Anmeldung: protocolo.visitaspalau@gva.es)

Der mit Türmen versehene gotische Bau, Regierungssitz der Autonomen Gemeinschaft Valencia, wurde 1482 vom Baumeister Pere Compte errichtet, der auch an La Lonja de la Seda mitwirkte. Der Name bezieht sich auf die *generalitats* genannten Steuern unter König Pedro III von Aragón – der Palast war die Zentrale der Institution, die sie eintrieb. Im Rahmen einer Führung kann man bedeutende Räume wie den Goldenen Saal mit der prächtigen vergoldeten Kassettendecke und den Parlamentssaal, wo Wandbilder die historischen Säulen der valencianischen Gesellschaft (Kirche, Militär, Bürger) zeigen, bewundern.

Goldener Saal, Palau de la Generalitat

10 Fundación Bancaja

Karte N3 ■ Plaza de Tetuán 23 ■ +34 960 645 840 ■ Di–So 10–14 & 16.30–20.30 Uhr ■ Eintritt ■ www.fundacionbancaja.es

Das Kulturzentrum der Fundación Bancaja, einer gemeinnützigen Stiftung der gleichnamigen spanischen Bank, bietet Raum für Wechselausstellungen, Konferenzen und Workshops. Oft sind große Namen vertreten: Vergangene Ausstellungen umfassten Werke von Pablo Picasso und Joaquín Sorolla *(siehe S. 49)*.

Spaziergang

Vormittags

Startpunkt für eine Street-Art-Tour durch den Barrio del Carmen ist die **Plaza del Tossal**, wo es zwei augenfällige Wandbilder gibt: Der *Moses* des italienischen Künstlers Blu trägt einen Schlangenbart, die stürzenden Autos daneben sind eine minimalistische Arbeit des »Spanischen Banksy« Escif. Auf der anderen Seite des Platzes wartet Fasims *Stop War – Victim's Wall*, das sich farblich an Picassos *Guernica* orientiert.

Folgen Sie der **Calle de Baja** bis zur Gabelung, wo der Chilene Disneylexia in einem ägyptisch-aztekisch anmutenden Bild antike Mythologie neu interpretiert hat. Weiter geht es auf dieser Straße zu David de Limóns Ninjas mit Sturmhauben und Spraydosen. An einem kleinen Platz mit Olivenbaum geht es rechts in die **Calle del Pintor Fillol**, wo ein für die japanische Niedlichkeitsästhetik *kawaii* typisches Bild der Künstlerin Julieta XLF das Hostel Bed & Bike ziert.

Ein Stück weiter bringt Sie eine Rechts-links-Kombination in die **Calle de Moret**, die wegen ihrer Fülle an Wandbildern auch Calle de los Colores genannt wird. Nach deren Besichtigung geht's zurück: über die **Plaza del Carmen** und im Bogen in die **Calle de Alta** Richtung Süden. Biegen Sie bei der Feuerwehr *(bombers)* rechts ab zur **Plaza Tavernes de Valldigna** mit Deihs Zombiemumie und einem von Riesenschnecken gezogenen Pferd, bevor Sie zurückkehren zur Plaza del Tossal und sich im **Café Sant Jaume** *(siehe S. 83)* eine Stärkung gönnen.

Dies & Das

Der bunte Mercado de Tapineria

1 Mercado de Tapineria

Karte L3 ■ c/Tapineria 15–17 ■ www.mercadodetapineria.com

Von Ausstellungen bis zu Pop-up-Läden – hier gibt es immer etwas Neues zu entdecken *(siehe S. 68)*.

2 Galeria del Tossal

Karte K2 ■ Plaza del Tossal ■ +34 963 981 803 ■ Di–Sa 16–19 Uhr, So 10–14 Uhr ■ Eintritt

Die Galerie präsentiert Kunst an den Resten der maurischen Stadtmauer aus dem 12. Jahrhundert.

3 Almudín

Karte M2 ■ Plaza San Luis Beltrán ■ Di–Sa 10–14 & 15–19 Uhr, So 10–14 Uhr ■ Eintritt

In dem alten Kornspeicher aus dem 14. Jahrhundert finden wechselnde Kunstausstellungen statt.

4 Iglesia de Santa Catalina

Karte L3 ■ Plaza de Santa Catalina ■ tägl. 10–13 & 19–20 Uhr

Laut Legende ist der Glockenturm der Kirche mit El Miguelete der Kathedrale »vermählt« *(siehe S. 44)*.

5 Iglesia de los Santos Juanes

Karte L3 ■ Plaza del Mercado

Die Barockkirche beim Mercado Central besitzt einen auffälligen dreieckigen Uhrturm *(siehe S. 45)*.

6 L'Iber

Karte L2 ■ c/Caballeros 22 ■ +34 963 918 675 ■ Di–Sa 11–14 & 16–19 Uhr, So 11–14 Uhr ■ Eintritt ■ www.museoliber.org

In dem außergewöhnlichen Museum sind mithilfe von annähernd 100 000 kleinen Zinnsoldaten historische Schlachten detailgetreu nachgestellt.

7 Espacio Inestable

Karte M2 ■ c/Aparisi y Guijarro 7 ■ +34 963 919 550 ■ https://inestable.es

Die freie Theatertruppe »Instabiler Raum« bringt vorwiegend avantgardistische Theaterstücke und Tanzaufführungen auf die Bühne.

8 Refugio Antiaéreo de Serranos

Karte L2 ■ c/Serranos 25 ■ +34 962 081 390 ■ Führungen: Sa & So 13 & 15 Uhr (nach Anmeldung) ■ Eintritt frei

Im Spanischen Bürgerkrieg bot der gut erhaltene Luftschutzbunker bis zu 400 Menschen Unterschlupf, heute finden hier diverse Kulturveranstaltungen statt.

9 Museo de Prehistoria de Valencia

Karte K2 ■ Centro Cultural La Beneficència, Calle de la Corona ■ Di–So 10–20 Uhr ■ Eintritt ■ www.mupreva.org

Das archäologische Museum widmet sich der Steinzeit, iberischer Kultur und dem römischen Valentia.

10 Mercado Mossén Sorell

Karte K2 ■ Plaza Mossén Sorell ■ Mo–Mi, Sa 8–15, Do, Fr 8–15, 17–20.30 Uhr

Der aus den 1920er Jahren stammende Markt bietet heute eine Vielzahl von Aktivitäten, von Weinproben bis hin zu Kochvorführungen.

→ Siehe Karte S. 76f

Stände am Mercado Central

1 Jose Berenguer
Standnummer 133 & 134

Eine Spezialität des mit diversen Schinken behangenen Stands ist *jamón ibérico de bellota*, auch als *pata negra* bekannt, von mit Eicheln gefütterten schwarzen Schweinen.

2 Delicias Verdes
Standnummer 254 – 258

Hier erhält man beste Erzeugnisse aus La Huerta: Paprikas, Tomaten wie auch die für eine traditionelle Paella benötigten *bajoquetes* und *garrofones* (Bohnen).

3 Solaz
Standnummer 57 – 64

An dem Stand decken sich auch die Küchenchefs der Stadt mit Käse ein, z. B. mit dem Ziegenkäse Espadán de Los Corrales aus der Sierra de Espadán.

4 Caracoles Peribañez
Standnummer 287 – 289

Diesen Stand kann man kaum verpassen – er verkauft als Einziger im Markt *caracoles* (Schnecken), die hier vergeblich versuchen, aus den Steigen zu kriechen. Kenner schätzen die Auswahl.

5 Pescados Pepa Puerto
Standnummer 1 – 5

Hier finden Sie Delikatessen aus dem Mittelmeer wie die begehrten roten Garnelen aus Dénia und verlockende Auslagen mit dem neuesten Fang.

6 Mercat Divi
Standnummer 117 – 119

Der kleine Stand ist auf valencianischen Wein spezialisiert, führt aber auch handwerklich erzeugte Öle, Essigspezialitäten und Salz.

7 La Parada de las Especias
Standnummer 414 – 416 ■ www.comprarespecias.net

Der Gewürzstand ist älter als der Markt selbst: Seit 125 Jahren verkauft La Parada de las Especias alle Arten von Safran, geräuchertes Paprikapulver und andere exotische Aromen.

8 Frutas Virginia
Standnummer 83 – 88

Es gibt in der Markthalle viele Obststände, wo sich Früchte der Saison stapeln, doch dieser ist der größte und farbenfrohste.

9 La Çasquería de Ángela
Standnummer 15 & 16

Die Auslage dieses Stands ist vermutlich nichts für Zartbesaitete: Hier gibt es Schafsköpfe, Kutteln, Hirn und andere Innereien.

10 Las Paellas del Mercado Central
Standnummer 6, 8 & 10

Direkt vor dem Markt sind an diesen Ständen Paella-Pfannen in allen Größen zu haben – die kleinsten für vier Portionen, die größten so riesig, dass man damit die ganze Nachbarschaft satt bekommt.

Üppig gefüllte Auslagen im Fischmarkt

Shopping

1 Simple
Karte M2 ▪ c/Palacio 5
▪ www.simple.com.es
In diesem Kunstgewerbe-Wunderland lässt sich in gewebten Handtaschen, Keramiken aus Manises und Wolltüchern aus den Weißen Städten Andalusiens stöbern.

2 Artesanía Yuste
Karte L3 ▪ Plaza del Milagro del Mocadoret 5
Hier findet man handbemalte Keramikfigürchen, Fliesen und Schalen – die meisten Stücke machen der Besitzer und sein Sohn selbst.

3 Bodegas Baviera
Karte L3 ▪ c/Corregería 40
▪ +34 963 918 060
Die 1870 gegründete Kellerei ist ein Familienbetrieb und Valencias ältester Weinladen.

4 Atypical Valencia
Karte L2 ▪ c/Caballeros 10
▪ www.atypicalvalencia.com
Der Name ist Programm: Hier gibt es statt der üblichen Souvenirs Ungewöhnliches wie etwa tolle Retro-Drucke von Valencias Wahrzeichen.

5 La Postalera
Karte L3 ▪ c/Danzas 3
▪ www.lapostalera.es
Der farbenfrohe Laden verkauft originelle Schilder, Taschen, Magnete, Postkarten und Kissen.

6 Santo Spirito Vintage
Karte L2 ▪ c/Alta 22
▪ www.santospiritovintage.com
Wer hippe Streetwear, Jeansjacken, Hawaiihemden oder sonstige preiswerte Retro-Mode amerikanischen Stils sucht, wird hier sicher fündig.

7 Al Vent
Karte L2 ▪ c/Calatrava 4
▪ www.alvent.com
In dem netten blumengeschmückten Juwelierladen stöbert man immer gern nach originellem Schmuck, sei es ein Fußkettchen oder ein Mondsteinring. Die Filiale in der Calle de Roteros ist ebenso schön.

8 Kúbelik
Karte M3 ▪ c/dels Drets 36
▪ www.kubelik.es
Der kleine Modeladen bietet originelle Designs mit Schwerpunkt auf Nachhaltigkeit und ethischer Produktion. Die Kleidung wird in Valencia aus Naturstoffen hergestellt. Es gibt auch eine kleine Kollektion an skurrilem Schmuck und reizenden Accessoires.

9 Cecilia Plaza Handmade
Karte L1 ▪ c/Roteros 14
▪ www.ceciliaplaza.com
Die schönen Taschen und Kissen, Spielwaren, Poster und Drucke, die den originellen Laden füllen, sind allesamt von der Besitzerin selbst entworfen.

Geschenkartikel in La Postalera

10 Original CV
Karte L3 ▪ Plaza del Mercado 35
▪ www.originalcv.es
In einer alten Apotheke von 1880 kann man sich heute mit traditionellen valencianischen Erzeugnissen eindecken: Bobal-Wein aus Utiel-Requena, Bomba-Reis aus La Albufera, aber auch Käse, Honig, Erdmandeln und *turrón*.

Bars & Clubs

1 Café de las Horas

Karte M2 ▪ c/Conde de Almodóvar 1 ▪ +34 963 917 336 ▪ www.cafedelashoras.com

Barockdekor sorgt in der Bar für stimmungsvolles Ambiente. Da schmecken Gin Tonic, Cocktails und Kuchen noch mal so gut *(siehe S. 62)*.

2 Jimmy Glass Jazz Bar

Karte L2 ▪ c/Baja 28 ▪ +34 656 890 143 ▪ www.jimmyglassjazz.net

In dem gemütlichen Club – Valencias erste Adresse für Jazz – präsentieren heimische Musiker, Combos auf Tour und internationale Acts vor allem Modern Jazz *(siehe S. 62)*.

3 Café Negrito

Karte L2 ▪ Plaza Negrito 1 ▪ +34 665 130 528

Der perfekte Start für einen tollen Abend ist ein Cocktail in dieser modernen Bar – insbesondere an einem Tisch auf der netten kleinen Plaza.

4 Tyris on Tap

Karte L3 ▪ c/Taula de Canvis 6 ▪ +34 961 132 873 ▪ www.cervezatyris.com

Die Mikrobrauerei bietet eine große Auswahl an Craftbieren, auch Lager, dunkle Sorten und India Pale Ale *(siehe S. 63)*.

5 Café Sant Jaume

Karte K2 ▪ c/Caballeros 51 ▪ https://cafesantjaume.com

Vor gut 30 Jahren war das beliebte Café eines der ersten im Barrio del Carmen. Hier trinkt man Kaffee oder Stärkeres – z. B. *Agua de Valencia* – im kleinen Gastraum oder im Freien vor der Tür *(siehe S. 63)*.

6 L'Ermità

Karte K2 ▪ c/Obispo Don Jerónimo 4 ▪ +34 615 692 580

Die treuen Gäste der netten kleinen Bar mit der kleinen Terrasse kommen gern zu den regelmäßigen Livekonzerten und anderen Events *(siehe S. 63)*.

7 Radio City

Karte K2 ▪ c/Santa Teresa 19 ▪ +34 963 914 151 ▪ www.radiocityvalencia.es

Reggae, Funk, Flamenco oder auch Theater – hier ist stets was geboten. Die Gäste genießen das Programm und die guten Cocktails *(siehe S. 62f)*.

Livemusik im Club Radio City

8 The Market Craft Beer

Karte L3 ▪ c/Cajeros 1 ▪ +34 644 333 127

Das Personal hilft bei der Wahl des idealen Biers: Das Angebot umfasst internationale India Pale Ales und andere Craftbiere, auch Sorten aus Valencia und dem Rest des Landes.

9 Fox Congo

Karte L3 ▪ c/Caballeros 35 ▪ +34 617 707 422

Immer gute Musik und flinker Service – kein Wunder, dass der Club im Barrio del Carmen so beliebt ist.

10 GONG

Karte L3 ▪ c/Concordia 3 ▪ +34 690 810 637

Die Musik der Retro-Underground-Bar ist so vielfältig wie das Dekor: Gespielt wird alles von Soul und Blues über Funk bis zu Boogaloo.

Siehe Karte S. 76f

Tapas-Bars & Cafés

Tapas-Bar Colmado LaLola

① Colmado LaLola

Karte L2 ■ c/Bordadores 10 ■ +34 961 047 178 ■ Mi geschl. ■ €

Der Feinkostladen mit Restaurant erinnert an Valencias alte *botigas* – kleine Läden, in denen die Tapas noch mit Kreide an einer Tafel angeschrieben sind.

② Central Bar

Karte L3 ■ Mercado Central ■ +34 963 829 223 ■ So geschl. ■ www.centralbar.es ■ €

In der Tapas-Bar am Markt ist stets alles superfrisch. Hier genießt man Kreationen von Ricard Camarena weitaus preiswerter als in seinem Nobelrestaurant *(siehe S. 18)*.

③ Taberna La Samorra

Karte M2 ■ c/Almudín 14 ■ +34 640 735 100 ■ €

Klassische Tapas und viele Weine aus der Region zeichnen dieses Lokal aus.

Frühstück in der Almalibre Açaí Bar

④ Horchatería de Santa Catalina

Karte L3 ■ Plaza de Santa Catalina 6 ■ +34 963 912 379 ■ www.horchateriasantacatalina.com ■ €

In der nostalgischen *horchatería* schmecken die *horchatas* – auch *granizado* mit zerstoßenem Eis –, die *churros* und die hausgemachte Eiscreme *(siehe S. 67)*.

⑤ Mayan Coffees

Karte K2 ■ c/Murrillo 54 ■ +34 722 788 433 ■ €

Hier röstet man die Gourmetkaffeebohnen von der Plantage des Besitzers in Guatemala, aber auch diverse Kaffeesorten aus Mexiko, Peru, Costa Rica und Kolumbien. Auch die Säfte des Lokals sind zu empfehlen.

⑥ Taberna La Sénia

Karte L3 ■ c/Cenia 2 ■ +34 611 497 677 ■ www.tabernalasenia.es ■ €

Das gemütliche Lokal heißt nach der Wassermühle, die hier früher stand. Die Tapas werden aus frischen Zutaten vom Mercado Central zubereitet.

⑦ Tasca Ángel

Karte L3 ■ c/Purisima 1 ■ +34 963 917 835 ■ Mo, So geschl. ■ €

Es heißt, die einfache *tasca* (preiswerte Bar) serviere die besten Sardinen in ganz Valencia.

⑧ Café Museu

Karte L1 ■ c/Museo 7 ■ +34 960 725 047 ■ Mo geschl. ■ €

Das Café mit Terrasse nahe der Plaza del Carmen ist ideal für einen schnellen Imbiss. Die Tortillas sind besonders lecker.

⑨ Almalibre Açaí House

Karte L1 ■ c/Roteros 16 ■ +34 961 048 475 ■ www.almalibreacaihouse.com ■ €

In dem vegetarischen Lokal kann man sich die Açaí-Bowls ganz nach Belieben selbst zusammenstellen.

⑩ La Pilareta

Karte K2 ■ c/Moro Zeid 13 ■ +34 963 910 497 ■ €

Die unprätentiöse Tapas-Bar, auch als Bar Pilar bekannt, ist berühmt für ihre *clochinas* – kleine Muscheln aus der Region. Für die Schalen stehen unter der Theke Eimer bereit.

Restaurants

Preiskategorien
Preis für ein Drei-Gänge-Menü pro Person mit einer halben Flasche Wein, inkl. Steuern und Service.

€ unter 35 € €€ 35–60 € €€€ über 60 €

1 Refugio

Karte K2 ■ c/Alta 42 ■ +34 690 617 018 ■ www.refugiorestaurante.com ■ €€

Hier gibt es ungewöhnlich kombinierte Gerichte wie Entenbrust mit asiatischen Gewürzen und lateinamerikanischen Saucen *(siehe S. 64)*.

2 Restaurante Canela

Karte J2 ■ c/Quart 49 ■ +34 963 917 538 ■ So abends & Mo geschl. ■ €

Der Schwerpunkt des schicken, auf heimische Küche spezialisierten Restaurants liegt auf Reisgerichten und Seafood.

3 La Marrana

Karte K2 ■ c/de Dalt 46 ■ +34 658 618 926 ■ www.lamarrana.com ■ €

Zu den Highlights der Taverne mit Terrasse gehören köstliche Käseplatten aus der Region, gekühlter *salmorejo* und der Eintopf *ropa vieja*.

4 La Pappardella

Karte L2 ■ c/Bordadores 5 ■ +34 963 918 915 ■ €

Das einladende Lokal im Schatten des Glockenturms der Kathedrale ist für seine frische Pasta bekannt.

5 La Salvaora

Karte M2 ■ c/Calatrava 19 ■ +34 963 921 484 ■ Mo, Di & mittags geschl. ■ www.lasalvaora.com ■ €€

In dem Restaurant genießt man hervorragende Küche. Die Menüs sind preiswerte Optionen *(siehe S. 65)*.

6 Tinta Fino Ultramarino

Karte L3 ■ c/de Corregería ■ +34 636 429 329 ■ €

Das gemütliche Restaurant serviert eine Mischung aus italienischen und mediterranen Tapas. Es gibt mehrere vegetarische Optionen und eine große Auswahl an Weinen.

7 Secreter

Karte M2 ■ c/Maestres 5 ■ +34 963 922 026 ■ Sa, So geschl. ■ €

Für die Gerichte des zwanglosen Restaurants kommen regionale Zutaten zum Einsatz.

8 Blanqueries

Karte L1 ■ c/Blanquerías 12 ■ +34 963 912 239 ■ Mo, So geschl. ■ €€

Die in den Spitzenrestaurants El Bulli und Arzak ausgebildeten Küchenchefs kreieren spanische Köstlichkeiten aus regionalen Zutaten.

9 Thai Mongkut

Karte K2 ■ c/Corona 8 ■ +34 960 216 780 ■ Mo, Di geschl. ■ €

Bei so hervorragender Thai-Küche wähnt man sich beinahe in Bangkok.

10 Kuzina

Karte M2 ■ c/Conde de Almodóvar 4 ■ +34 960 013 554 ■ www.kuzinavlc.com ■ €€

Das traditionelle griechische Restaurant bietet eine wunderbare Auswahl an köstlichen Mezze.

Tische vor dem Kuzina

Siehe Karte S. 76f

TOP 10 Südliches Centro Histórico

Die südliche Altstadt entwickelte sich nach der Reconquista im 13. Jahrhundert, als sich die nun christliche Stadt über die Grenzen des bisherigen Balansiya ausdehnte. Die Straßen sind breiter und weniger verwinkelt als im nördlichen Centro Histórico. Hier liegt auch Valencias Geschäftsviertel – rund um Calle del Poeta Querol, Calle de Don Juan de Austria und Calle de Colón erstrecken sich die besten Shoppingmeilen. Die große Plaza del Ayuntamiento, wo das Rathaus und das Hauptpostamt stehen, ist Valencias Hauptplatz. Sie wird von vielen Buslinien angefahren und ist von den Metro-Stationen Colón, Xàtiva und Àngel Guimerà gut zu erreichen.

Statue des Philosophen Joan Lluís Vives, Centro Cultural La Nau

1 Iglesia de San Juan de la Cruz

Karte M3 ■ c/Poeta Querol 6

Die Kirche des heiligen Johannes vom Kreuz wurde am Standort einer Moschee errichtet und als eines der ersten Gotteshäuser nach der Reconquista geweiht. Nach umfassender Renovierung, die über ein halbes Jahrhundert dauerte, erstrahlt sie seit 2010 wieder im alten Rokokoglanz. Der Eingang liegt in der Calle San Andrés *(siehe S. 44)*.

2 Palacio de las Comunicaciones

Karte L4 ■ Plaza del Ayuntamiento 24 ■ Di–So 12–20 Uhr ■ Eintritt frei

Das klassizistische Hauptpostamt aus der ersten Hälfte des 20. Jahrhunderts erkennt man leicht an seinem gusseisernen Telegrafenturm. Den imposanten Innenraum krönt eine Buntglaskuppel mit den Wappen der 48 spanischen Provinzen *(siehe S. 47)*. 2021 erwarb die Stadt Valencia das Gebäude von der spanischen Post, um darin künftig ein Kulturzentrum mit den Schwerpunkten Innovation, Kultur und Europa zu unterhalten.

Palacio de las Comunicaciones

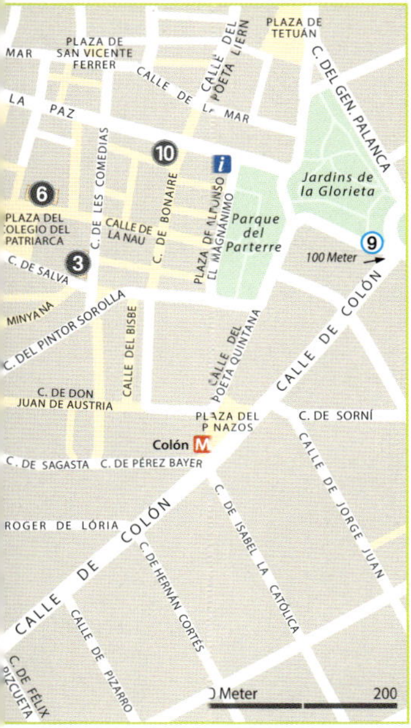

3 Centro Cultural La Nau

Karte M3 ■ c/Nave ■ Mo–Sa 8–21.30, So 9–14 Uhr ■ Ausstellung: Di–Sa 10–14, 16–20, So 10–14 Uhr ■ www.uv.es/cultura

Der große Baumeister Pere Compte schuf dieses Gebäude im 15. Jahrhundert, heute dient es der Universität Valencia als Kulturzentrum. Besucher können durch die Kreuzgänge spazieren und sich die Ausstellungen in der Sala Estudi General ansehen, wo u. a. schon Werke des valencianischen Malers Artur Heras und des argentinischen Fotografen Humberto Rivas präsentiert wurden. Auch Musik- und Filmfestivals finden hier statt.

4 Museo Valenciano de la Ilustración y la Modernidad (MuVIM)

Karte K4 ■ c/Quevedo 10 ■ +34 963 883 730 ■ Di–Sa 10–14 & 16–20 Uhr, So 10–20 Uhr ■ Eintritt ■ www.muvim.es

Valencias Museum der Aufklärung und der Moderne bietet Einblick in die Welt der Ideen. Die Hauptausstellung ist eine einstündige Expedition durch die letzten 500 Jahre, bei der Darsteller und audiovisuelle Exponate entscheidende Entwicklungen auf dem Weg vom theozentrischen Weltbild des Mittelalters zum wissenschaftlichen Denken der Moderne beleuchten.

5 Museo Nacional de Cerámica

Karte M3 ▪ c/Poeta Querol 2 ▪ +34 963 085 429 ▪ Di–Sa 10–14 & 16–20 Uhr, So 10–14 Uhr ▪ Eintritt ▪ www.mnceramica.mcu.es

Bei der eindrucksvollen Keramiksammlung im Palacio del Marqués de Dos Aguas *(siehe S. 46)* – dem wohl schönsten Barockgebäude Spaniens – reicht die Spanne von prähistorischen Gefäßen über frühislamische Tonwaren und valencianische Keramiken aus der Glanzzeit im 15. Jahrhundert bis zu modernen Stücken. Sehenswert sind – neben dem Palast selbst und opulenten Räumen wie dem Ballsaal – auch die prächtigen Kutschen *(siehe S. 48)*.

6 Real Colegio-Seminario de Corpus Christi

Karte M3 ▪ c/Nave 1 ▪ +34 963 514 176 ▪ Mo–Fr 11–13.30 & 17–19 Uhr, Sa & So 11–13.30 Uhr ▪ Eintritt ▪ www.seminariocorpuschristi.org

Das Priesterseminar, im 16. Jahrhundert von Valencias reformistischem Erzbischof Juan de Ribera gegründet, beheimatet noch heute Mönche, die jeden Nachmittag in der mit Fresken geschmückten Kirche eine gregorianische Messe feiern. Von dieser Zeit abgesehen, kann man die Kirche wie auch die Renaissancekreuzgänge besichtigen und im Museo del Patriarca *(siehe S. 45)* Riberas Kunstsammlung mit Werken von Pinazo, van der Weyden, Caravaggio und anderen großen Namen bewundern. Ein Glanzstück ist die Kommunionskapelle, deren Decke und Wände von Tomás Hernández geschaffene Szenen vom Kreuzopfer und flämische Wandteppiche aus dem 16. Jahrhundert schmücken. Der »Drache des Patriarchen« am Eingang ist eigentlich ein Krokodil, das spanische Missionare aus Lateinamerika mit zurückbrachten *(siehe S. 45)*.

7 Plaza Redonda

Karte L3

Im Gassengewirr südlich der Kathedrale liegt dieser von Tapas-Bars und Läden gesäumte kreisrunde Platz *(siehe S. 68)*, der an eine Stierkampfarena erinnert. Am Brunnen in der Mitte sind die historischen Namen der Plaza und ein Zitat des Schriftstellers Vicente Blasco Ibáñez eingraviert.

8 Museo y Colegio del Arte Mayor de la Seda

Karte K4 ▪ c/Hospital 7 ▪ +34 697 155 299 ▪ Di–Sa 10–19, So 10–14.30 Uhr ▪ Eintritt ▪ www.museodelasedavalencia.com

Mitte des 18. Jahrhunderts war halb Valencia im Seidenhandel tätig. Das Museum in dem gotischen Gebäude, das seit dem 15. Jahrhundert als Sitz des »Kollegiums der hohen Seidenkunst« diente, zeigt, wie Seide gemacht wird, und erläutert die Entwicklung kunstvoller Trachten durch die Jahrhunderte. Der obere Salón de la Fama, der 1757 mit schönem

Real Colegio-Seminario de Corpus Christi

Keramikboden und einem Deckenfresko versehen wurde, dient für Wechselausstellungen *(siehe S. 48)*.

9 Ayuntamiento

Karte L4 ■ Plaza del Ayuntamiento 1 ■ Museo Histórico Municipal: +34 962 081 181; wg. Renovierung geschlossen

Das klassizistische Rathaus wurde 1905–29 von Francisco Mora Berenguer erbaut. Sehenswert sind der barocke Salón de Fiestas mit den böhmischen Kronleuchtern und das Museum, das u. a. alte Stadtpläne, die Reconquista-Flagge und das Schwert des Erobererkönigs zeigt.

Salón de Fiestas, Ayuntamiento

10 Luis Adelantado

Karte N3 ■ c/Bonaire 6 ■ +34 963 510 179 ■ Mo–Fr 10–14 & 16–20 Uhr, Sa nach Vereinbarung ■ www.luisadelantadovlc.com

Mit weißen Wänden und dunklen Marmorböden bietet die moderne Galerie eine ansprechende Kulisse für Ausstellungen spanischer und internationaler Künstler. Da alle fünf Stockwerke des Gebäudes für die Präsentation genutzt werden, sind eine breite Vielfalt und die Ausstellung großer Installationen möglich.

Estrecha

Wer durch die Passage im Nordwesten der Plaza Redonda geht, entdeckt auf der gegenüberliegenden Seite der Plaza de Lope de Vega zwischen den Häusern einen 107 Zentimeter breiten terrakottafarbenen Streifen – eines der schmalsten Häuser Europas. Nebenan in der Tapas-Bar hängen alte Fotos des Gebäudes.

Spaziergang

Vormittags

Ihr morgendlicher Shoppingbummel beginnt an der **Plaza de la Reina**, von wo Sie über die **Calle de la Paz** in die **Calle del Marqúes de Dos Aguas** gelangen. Gleich an der Ecke wartet ein Boss Store, ein Stück weiter eine Filiale von **Loewe** *(siehe S. 90)*. Kurz danach wird die Straße zur **Calle del Poeta Querol**, wo Sie Filialen von internationalen Modeunternehmen und von spanischen Marken finden. Bewundern Sie die tollen Design von **Isabel Sanchis** (Nr. 5), bevor Sie sich eine Tasse Kaffee im nahen **Federal Valencia** *(siehe S. 91)* gönnen.

Wieder zurück in der Calle del Poeta Querol, können Sie Porzellanfiguren in der **Lladró Boutique** *(siehe S. 90)* und edlen Schmuck bei **Barack** *(siehe S. 90)* bewundern, dann geht es links in die **Calle de Don Juan de Austria**, wo Normalverdiener bei spanischen Modeketten wie Zara (Nr. 32), Tezenis (Nr. 28) und Mango (Nr. 7) oder Schuhläden wie Zapa (Nr. 34) und Ulanka (Nr. 9) einkaufen.

Über den weiteren Weg entscheidet der Kontostand: Wer es sich leisten kann, kreuzt die Calle de Colón und flaniert durch Valencias neue »Goldene Meile«, die **Calle de Jorge Juan**, um bei spanischen Designern wie **Purificación García** (Nr. 10) und Bimba y Lola (Nr. 17) zu shoppen, wer aufs Budget achten muss, bummelt auf der **Calle de Colón** gen Süden, um die Läden internationaler Marken – von Camper (Nr. 13) bis zu Lacoste (Nr. 52) – zu durchstöbern.

Shopping

1 Librería Anticuaria Rafael Solaz

Karte L3 ■ c/San Fernando 7 ■ www.libreriarafaelsolaz.es

In der schönen alten Buchhandlung kann man beim Stöbern nach seltenen, ausgefallenen und antiquarischen Ausgaben problemlos Stunden verbringen.

2 ALE-HOP

Karte L4 ■ Plaza del Ayuntamiento 19 ■ www.ale-hop.net

Wie allerorts weist auch hier eine große schwarzweiße Kuh auf die Filiale der spanischen Kette hin, die eine breite Auswahl an Geschenkartikeln und allerlei Schnickschnack bietet.

Zierteller von Colla Monlleó

3 Tienda de Las Ollas de Hierro

Karte L3 ■ c/Derechos 4 ■ www.tiendadelasollasdehierro.com

Valencias ältester Laden wurde 1793 gegründet und besitzt noch immer die originale Holzausstattung. Verkauft werden Kurzwaren, Schmuck und Souvenirs.

4 La Petite Planèthé

Karte L3 ■ c/San Fernando 4 ■ www.lapetiteplanethe.com

Der schöne Teeladen bietet über 200 Teesorten, führt aber auch handwerklich erzeugten Kaffee.

La Petite Planèthé

5 Colla Monlleó

Karte L3 ■ Plaza Redonda 12–13

Das Sortiment des durch eine Passage zweigeteilten Keramikladens an der Plaza Redonda reicht von Kühlschrankmagneten über Blumentöpfe und handbemalte Zierteller bis zu Heiligenfiguren.

6 Sebastian Melmoth

Karte L3 ■ c/San Fernando 17

Der reizvolle Laden, in dem ausgefallene und extravagante Designartikel locken, dient zugleich als Galerie und Ausstellungsraum für Valencias Künstler.

7 Barack

Karte M4 ■ c/Salvá 2 ■ www.barackbyzelma.com

Barack verarbeitet für seine kostspieligen Schmuckstücke oft Halbedelsteine – der Duchess of Sussex und der Schauspielerin Salma Hayek gefällt's.

8 Lladró Boutique

Karte M4 ■ c/Poeta Querol 9 ■ www.lladro.com

Wer es nicht zum Hauptgeschäft *(siehe S. 59)* nach Tavernes Blanques schafft, kann hier eines der berühmten Porzellanfigürchen erstehen.

9 La Casa de Los Botijos

Karte L3 ■ Plaza Redonda 14

Der im Jahr 1860 gegründete Keramikladen verkauft in vierter Generation Sargadelos-Geschirr, gebrannte *Socarrat*-Fliesen und *botijos* (dekorative Tonkrüge).

10 Loewe

Karte M3 ■ c/Marqués de Dos Aguas 7 ■ www.loewe.com

Die Filiale der spanischen Luxuskette, die ihren ersten Laden 1846 in Madrid eröffnete, führt edle Accessoires und elegante Handtaschen.

Restaurants

Preiskategorien
Preis für ein Drei-Gänge-Menü pro Person mit einer halben Flasche Wein, inkl. Steuern und Service.

€ unter 35 € €€ 35–60 € €€€ über 60 €

1 Navarro
Karte L4 ▪ c/Arzobispo Mayoral 5 ▪ +34 963 529 623 ▪ Sa abends & So geschl. ▪ www.restaurantenavarro.com ▪ €€

Das einladende, seit 1951 familiengeführte Restaurant serviert u. a. hervorragende valencianische Reisgerichte *(siehe S. 64)*.

2 Federal Valencia
Karte M4 ▪ c/Embajador Vich 15 ▪ +34 960 617 956 ▪ So abends geschl. ▪ €

Die Filiale der australischen Coffeeshop-Kette, berühmt für kräftigen Kaffee, ist perfekt für ein Frühstück.

3 El Encuentro
Karte L3 ▪ c/San Vicente Màrtir 28 ▪ +34 963 943 612 ▪ So geschl. ▪ €€

Spanische Küche lockt in diesem netten Restaurant: kalte und warme Vorspeisen, marktfrische Hauptgerichte und täglich ein Reisgericht.

4 Kaikaya
Karte L4 ▪ Plaza del Ayuntamiento 10 ▪ +34 960 446 480 ▪ www.kaikayarestaurante.com ▪ €€

Wenn Japan auf Brasilien trifft – so in diesem tropischen Sushi-Lokal –, mixt man Kokosnuss-Garnelen mit Gyozas und Sangria mit Sake.

5 El Poblet
Karte M4 ▪ c/Correos 8 ▪ +34 961 111 106 ▪ So, Mo; Di mittags geschl. ▪ www.elpobletrestaurante.com ▪ €€€

Das Sternerestaurant, Teil des Imperiums von Quique Dacosta, variiert für seine drei Degustationsmenüs spanische Klassiker mit Ungewöhnlichem wie Meerfenchel *(siehe S. 65)*.

6 Civera
Karte M4 ▪ c/Mosén Femades 10 ▪ +34 963 529 764 ▪ €€

In der schicken, maritim gestalteten *marisquería* (Fischrestaurant) werden Seebarsche und andere Fische nach Gewicht bestellt.

7 Vuelve Carolina
Karte M4 ▪ c/Correos 8 ▪ +34 963 218 686 ▪ So geschl. ▪ €€

Zu den Köstlichkeiten der kreativen Küche von Quique Dacosta zählen in diesem eleganten Lokal Tapas wie Curry-Schwein-Kroketten oder Kartoffelsoufflé mit flüssigem Eigelb.

Quique Dacostas Vuelve Carolina

8 Café Madrid
Karte M3 ▪ c/Abadía de San Martín 10 ▪ +34 960 660 507 ▪ €€

In der Bar des Marqués House *(siehe S. 130)* gibt es neben gutem Essen auch tolle Cocktails – hier sollte man *Agua de Valencia* probieren.

9 Puerta del Mar
Karte L4 ▪ c/Transits 4 ▪ +34 960 219 178 ▪ www.restaurantepuertadelmar.com ▪ €€

Der Schwerpunkt liegt auf Meeresfrüchten, aber es gibt auch Fleisch- und vegetarische Optionen.

10 Secreto
Karte M3 ▪ c/San Martín 11 ▪ +34 960 441 742 ▪ Mo, Di geschl. ▪ €€

Das mediterrane Restaurant ist ein Geheimtipp mit reizvoller Karte, gutem Essen und nettem Personal.

Siehe Karte S. 86f

TOP 10 Süden

Das Gebiet südlich des Centro Histórico wurde erst nach Abriss der Stadtmauer 1868 eingemeindet. In L'Eixample, der »Erweiterung« südlich der Calle de Colón, mit den breiten Alleen und eleganten Häusern, und in Canovas, wie die noble Gegend um El Pla del Remei und Gran Vía genannt wird, leben die Gutbetuchten. Das zwanglose Ruzafa (val. Russafa) im Südwesten mit seinen Cafés und Boutiquen löst allmählich El Carmen als Valencias Hipster-Viertel ab. Im Osten grenzt L'Eixample an den Jardín del Turia. Der Park verläuft am Rand des Centro Histórico bis zur futuristischen Ciudad de las Artes y las Ciencias, einem jungen, aber unübersehbaren Wahrzeichen Valencias.

Ninot im Museo Fallero

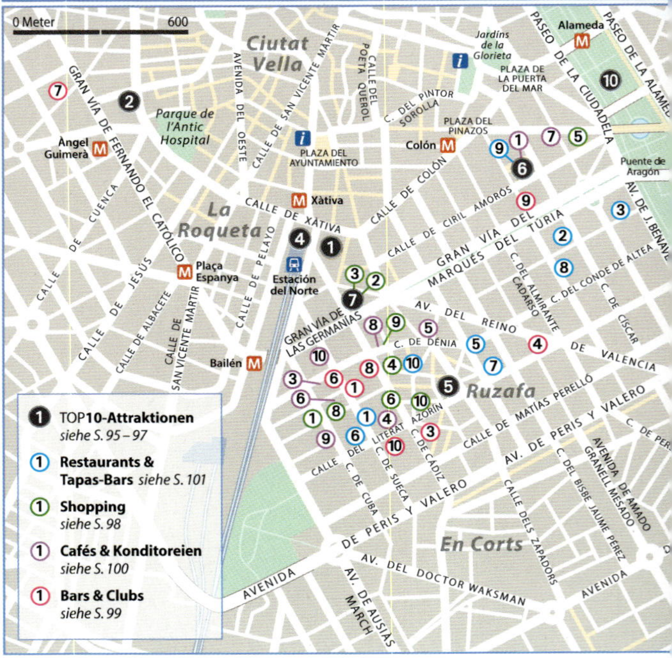

Vorhergehende Doppelseite Die Art-déco-Fassade der Casa Judía

1 Plaza de Toros

Karte L5 ■ c/Xàtiva 28

Valencias klassizistische Stierkampfarena ist eine der größten in Spanien. Sie wurde 1850–59 von Sebastián Monleón y Estellés erbaut, als Vorbild diente eindeutig Roms Kolosseum. Eine Bronzestatue vor der Arena zeigt den valencianischen *banderillero* (Gehilfe des Matadors) Manolo Montoliu, der 1992 bei einem Stierkampf in Sevilla ums Leben kam. Hier finden neben Stierkämpfen – üblicherweise während Las Fallas und der Fería de Julio – auch Konzerte statt.

2 Teatre Micalet

Karte J4 ■ c/Guillem Castro 73 ■ +34 963 921 482 ■ www.teatremicalet.org

Im Haus des 1905 gegründeten Vereins Societat Coral El Micalet inszeniert das Teatre Micalet Musik- und Theateraufführungen auf Valencianisch. Das Programm der kleinen Bühne wechselt häufig, die einzelnen Shows werden immer nur an ein paar Abenden gezeigt.

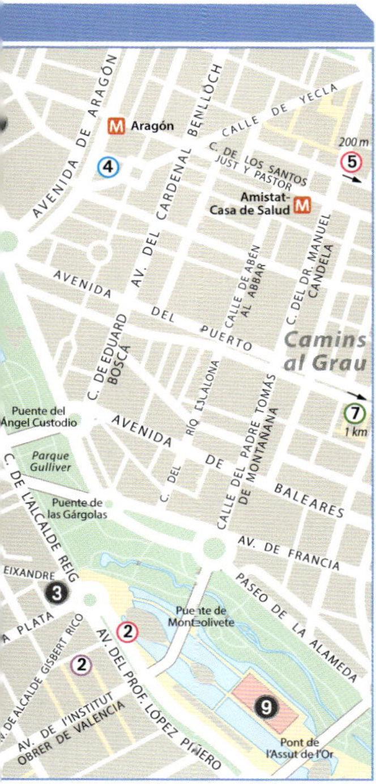

3 Museo Fallero

Karte E5 ■ Plaza Monteolivete 4 ■ +34 963 525 478 ■ Mo–Sa 10–19 Uhr, So 10–14 Uhr ■ Eintritt

1934 hatte der einflussreiche valencianische Künstler Regino Mas eine Idee, die das Fest Las Fallas *(siehe S. 34f)* verändern sollte: Die Öffentlichkeit sollte einen *ninot*, wie die einzelnen Pappmascheefiguren der *fallas* genannt werden, auswählen, der dann bei »L'Indult del Foc« begnadigt und von den Flammen der Abschlusszeremonie verschont wird. Seither sammelt das Museum in einem einstigen Konvent all die »begnadigten« *ninots*. Die Ausstellung ist eine Reise durch die Zeit und die sich wandelnden Stile *(siehe S. 48)*.

Bahnhofshalle, Estación del Norte

4 Estación del Norte

Karte L5 ■ c/Xàtiva 24

Auch wenn man keine Zugreise machen will, lohnt sich ein Besuch dieses Bahnhofs, der seinem Namen zum Trotz am Südrand des Centro Histórico liegt. Das Bahnhofsgebäude ist eine Modernisme-Schönheit mit viel Eisen, Buntglas und Fliesendekor *(siehe S. 46f)*. Es birgt ein Informationsbüro für Besucher, eine Gepäckaufbewahrung, eine kleine Café-Bar (an Bahnsteig 6) und eine Reihe von Läden, darunter auch ein Fanshop des FC Valencia.

Stände im Mercado de Ruzafa

5 Mercado de Ruzafa

Karte N6 ■ Plaza Barón de Cortes ■ Mo–Sa 7.30–15 Uhr ■ www.mercatderussafa.com

Ein brutalistischer Betonbau von 1957, den Julio Bellot Senet entworfen hat, beheimatet den Nachbarschaftsmarkt im Herzen von Ruzafa. 2007 wurde er saniert und bunt aufgefrischt. An den Ständen im Innern sind Obst, Gemüse, Blumen, Fleisch, Käse und – bei Javi Algas – sogar Algen zu haben.

6 Mercado de Colón

Karte N4 ■ c/Jorge Juan 19 ■ Mo–Do, So 7.30–2 Uhr, Fr, Sa 7.30–3 Uhr ■ www.mercadocolon.es

Kaum zu glauben: Anfang des Jahrtausends war diese umwerfende Markthalle eine verlassene Ruine. 2003 wurde sie umfassend restauriert und erstrahlt heute als eines der schönsten Modernisme-Gebäude Valencias – mit schmiedeeisernem Dach, Buntglas, Mosaiken und »gaudíeskem« Dekor. Die alten Marktstände wurden durch Cafés und Tapas-Bars ersetzt, ein Stockwerk tiefer erstreckt sich ein großer Lebensmittelmarkt.

7 Casa Judía

Karte M5 ■ c/Castellón 20

Die schöne Art-déco-Fassade des »jüdischen Hauses«, die sich farbenfroh von den Nachbargebäuden abhebt, wurde 1930 vom valencianischen Architekten Joan Francisco Guardiola entworfen. Guardiolas Markenzeichen – die Vermischung von Einflüssen aus verschiedenen Ländern und Kulturen – zeigt sich auch an diesem Bau, der ägyptische, arabische, indische und asiatische Elemente kombiniert. Der Davidstern über dem Haupteingang ist eine Reverenz des Architekten an den ursprünglichen, jüdischen Besitzer.

8 Museo Histórico Militar de Valencia

Karte E4 ■ c/General Gil Dolz 6 ■ +34 961 966 215 ■ Di–Sa 10–14 & 16–20 Uhr, So 10–14 Uhr ■ Eintritt frei

Ein Schwerpunkt der wohlgeordneten Ausstellung zur Militärgeschichte des Landes ist der Spanische Bürgerkrieg. Die Dauerausstellung umfasst mehr als 2000 Exponate, vorwiegend Modelle, Fahnen, Uni-

formen und Waffen, aber auch Fahrzeuge wie einen Panzer und sonstige schwere Artillerie. Auch Valencias Beziehung zum spanischen Militär und sogar die Rolle der Armee bei Las Fallas werden hier beleuchtet.

9 Ciudad de las Artes y las Ciencias

Valencias »Stadt der Künste und der Wissenschaften« gehört seit 2007 zu den Zwölf Schätzen Spaniens – wie Gaudís Sagrada Família in Barcelona und die Alhambra in Granada – und machte die Stadt rasch zu einem Top-Reiseziel. Der Komplex aus skulpturalen Bauten samt Wissenschaftsmuseum und IMAX-Kino wurde von Santiago Calatrava entworfen – nur das Aquarium Oceanogràfic stammt vom spanisch-mexikanischen Architekten Félix Candela *(siehe S. 26–29)*.

10 Jardín del Turia

Der lang gezogene Park ist Valencias grüne Lunge. Die Grünanlage erstreckt sich im alten Flussbett des Río Turia am Centro Histórico entlang und nach Osten Richtung Meer *(siehe S. 22f)*.

Große Flut von Valencia

Der Río Turia hatte wohl schon an die 75-mal Hochwasser geführt, doch am 14. Oktober 1975 trat er so massiv über die Ufer, dass schnell weite Teile der Stadt überflutet waren. Die Große Flut – La Gran Riada de Valencia (val. La Ruià) – tötete mehr als 80 Menschen.

Fassade des Mercado de Colón

Spaziergang

Vormittags

Der Tag ist ganz der Ciudad de las Artes y las Ciencias gewidmet. Bevor Sie sich den einzelnen Attraktionen der Anlage zuwenden *(siehe S. 26–29)*, sollten Sie sich einen Moment gönnen und die kühne futuristische Architektur auf sich wirken lassen. Dann geht es ins Aquarium **Oceanogràfic**, wo Sie in den Becken der gemäßigten und tropischen Zonen kalifornische Kelpwälder und riesige japanische Seespinnen bestaunen und in Europas größter Quallengalerie Leucht- und Kompassquallen besuchen können. Aber vielleicht besichtigen Sie ja lieber den **Palau de les Arts Reina Sofía**, wo man bei einer interessanten Führung die verschiedenen Bühnen des Opernhauses und auch Plácido Domingos Centro de Perfeccionamiento kennenlernt. Stärkung bietet eines der Lokale im Komplex oder **La Pequeña Pastelería de Mamá** *(siehe S. 100)* auf der anderen Seite der Avenida del Profesor López Piñero.

Nachmittags

Erholt geht es weiter zum interaktiven **Museu de les Ciències**, das mehrere Stunden Unterhaltung bietet – nebenbei lernt man, wie Chromosomen funktionieren und wie sich Schwerelosigkeit anfühlt. In L'Umbracle, dem langen Bau aus Bogen, spazieren Sie durch den Skulpturengarten, um in der stimmungsvollen Bar **L'Umbracle Terraza** *(siehe S. 99)* bei schönem Blick einen Drink zu nehmen und sich für eine Abendvorstellung im IMAX-Kino des **Hemisfèric** zu rüsten.

Siehe Karte S. 94f

Shopping

Accessoires im Gnomo

1 Gnomo

Karte L6 ▪ c/Cuba 32 ▪ https://gnomo.eu

Die Auswahl des schicken Designshops reicht von Modeaccessoires bis zu Blumentöpfen. Auch Werke von Paula Bonet und Illustrationen von Laura Agustí sind hier zu haben.

2 El Vestidor Vintage

Karte M5 ▪ Gran Vía de las Germanías 14 ▪ www.elvestidorvintage.com

Eine zweite Chance für die Mode: Die Boutique bietet eine große Vielfalt an schönen Kleidungsstücken aus vergangener Zeit – auch von Marken wie Chanel und Dior.

3 Abanicos Carbonell

Karte M5 ▪ c/Castellón 21 ▪ www.abanicoscarbonell.com

Seit 1810 stellen die Carbonells in Handarbeit spanische Fächer her. Die Exemplare kosten zwischen zwei und 12 000 Euro.

4 Lacontra

Karte M6 ▪ c/Cádiz 38 ▪ www.lacontraroom.com

Neben der eigenen Bekleidungslinie bietet die Boutique eine sorgfältig zusammengestellte Auswahl an Labels, darunter Samsøe Samsøe und Nudie Jeans, wobei der Schwerpunkt auf ethischer und nachhaltiger Mode liegt.

5 Mantequerías Vicente Ferrero

Karte P4 ▪ c/Sorní 38

In dem netten traditionellen Lebensmittelladen dürfen Käse und Ibérico-Schinken zur Entscheidungsfindung gern probiert werden.

6 Librería Bartleby

Karte M6 ▪ c/Cádiz 50

Der Buchladen überzeugt mit seinem reizvollen Sortiment aus Büchern, Comics und Weinen, bietet aber auch Vorträge, Lesungen und Livemusik.

7 Ana Illueca

Karte G5 ▪ Rodrigo de Pertegás 42 ▪ www.anaillueca.com

Töpfermeisterin Ana Illueca nutzt für die schönen Konzeptarbeiten ihres Keramikladens alte maurische Verfahren.

8 Madame Mim

Karte M6 ▪ c/Puerto Rico 30

Der tolle Secondhandshop in Ruzafa ist für Vintage-Freunde eine wahre Schatztruhe. Hier gibt es Mode zu leihen oder zu kaufen, allerlei Retro-Artikel und viel Schnickschnack.

9 Kowalski Cosas Bellas Artes

Karte M6 ▪ c/Dénia 20 ▪ www.kowalskicosasbellasartes.com

Kowalksi bietet Mal- und Zeichenbedarf, Bücher, Filzhüte, Lederjacken, Schuhe und Schallplatten.

10 Müza

Karte D5 ▪ c/Reina Na Maria 5 ▪ https://muzaconcept.com

Der freundliche Teeladen lockt mit einer großen Auswahl an köstlichen Teesorten, hübschen Teekannen und himmlisch duftenden Kerzen.

Bars & Clubs

1 Olhöps Craft Beer House

Karte M6 ▪ c/Sueca 21 ▪ +34 650 135 022 ▪ Mo geschl

Neben zehn Craftbieren vom Fass stehen hier gut 100 Flaschenbiere zur Wahl – probieren Sie das hauseigene H2ÖL. Interessant ist auch das Biereis: Vanille mit Stout, Schoko mit Porter. Eine weitere Olhöps-Filiale findet sich in der Calle de Carlos Cervera.

2 L'Umbracle Terraza

Karte F6 ▪ Av. del Profesor López Piñero 5 ▪ +34 607 659 705 ▪ www.umbracleterraza.com

Von der Terrassenbar in der Ciudad de las Artes y las Ciencias *(siehe S. 27)* genießt man einen traumhaften Blick auf die Anlage. Die Tische stehen im Freien, umgeben von Pflanzen. Im Untergeschoss wartet der Club Mya *(siehe S. 62)*.

3 Barcode

Karte N5 ▪ c/Almirante Cadarso 11 ▪ +34 963 444 228

In der eleganten Loungebar mit dem weißen Interieur trifft man sich gern auf einen Cocktail.

4 La Madriguera

Karte M6 ▪ c/Cádiz 70 ▪ +34 680 993 892

Tolle Cocktails, freundliches Personal und Top-Service haben dieses Lokal zu einem der beliebtesten Orte im trendigen Ruzafa gemacht.

5 Matisse

Karte G5 ▪ c/Campoamor 60

In dem kleinen Liveclub sind regelmäßig internationale Acts aus der Indieszene zu sehen. Außerdem legen hier oft DJs auf.

6 Bar Vermúdez

Karte M6 ▪ c/Sueca 16 ▪ +34 963 034 774

Dieser beliebte Treff der Valencianos bietet eine große Auswahl an Wermut *(siehe S. 69)*, in der Regel macht man aber mit der Haussorte *(vermut casero)* nichts falsch. Bestellen Sie Tapas dazu, setzen Sie sich nach draußen und sehen Sie dem Treiben in Ruzafa zu.

7 Loco Club

Karte J4 ▪ c/Erudito Orellana 12 ▪ www.lococlub.es

Schwerpunkt des stimmungsvollen Liveclubs sind Rock, Pop und Indie, gelegentlich ist auch Country oder Soul zu hören. Einmal im Monat wird Newcomern eine Bühne geboten.

8 Café Berlin

Karte M6 ▪ c/Cádiz 22 ▪ +34 963 810 024

In der lässigen Café-Bar treffen sich abends Leute aus der Nachbarschaft auf ein (oder zwei) Bier.

9 Cervecería Aquarium

Karte N5 ▪ Gran Vía del Marqués del Túria 57 ▪ +34 963 510 040

Seit 1957 werden in der klassischen Bar perfekte Drinks gemixt, die Gäste sind vor allem Valencianer.

10 Ubik Café

Karte L6 ▪ c/Literato Azorín 13 ▪ +34 963 741 255

Kaffee oder Bier, Spiele oder Livemusik – so verbringt man in Ruzafas beliebtem Buchladencafé Nachmittage oder Abende *(siehe S. 63)*.

Theke im Ubik Café

Siehe Karte S. 94f

Cafés & Konditoreien

1 Casa Orxata

Karte N4 ▪ Mercado de Colón ▪ +34 963 527 307 ▪ www.casaorxata.com

Die *horchatería* im Mercado de Colón serviert zuckerfreie Bio-*horchata*, aber auch frisch gepressten Saft aus Valencia-Orangen im inspirierenden Ambiente des Markts *(siehe S. 67)*.

Stand der Casa Orxata

2 La Pequeña Pastelería de Mamá

Karte F6 ▪ c/Poeta Josep Cervera y Grifol 14 ▪ +34 963 444 495 ▪ So geschl. ▪ www.lapequenapasteleriademama.es

Die gemütliche Konditorei ist perfekt für einen Brunch oder Kaffee und Kuchen am Nachmittag *(siehe S. 66)*.

3 Café ArtySana

Karte M6 ▪ c/Dénia 49 ▪ +34 697 280 999 ▪ www.cafeartysana.com

Das Hipster-Café mit Kunstgalerie serviert bis zum frühen Nachmittag gute hausgemachte vegane und vegetarische Gerichte – toll sind die *tostadas* und die Detox-Drinks. Der Hof ist eine Oase *(siehe S. 66f)*.

4 La Cantina de Ruzafa

Karte L6 ▪ c/Literato Azorín 13

Probieren Sie hier das klassische valencianische Mittagessen, *esmorzaret*, mit einer *picaeta* (Vorspeise), gefolgt von einem mächtigen Brötchen und einem *cremaet* (Kaffee mit Schuss).

5 Buñoleria El Contraste

Karte M6 ▪ c/San Valero 12 ▪ +34 963 734 611 ▪ Sa & So geschl.

Die Valencianer schwören auf das Schmalzgebäck – *buñuelos*, *churros* und die kürzeren, dickeren *purros* – aus diesem Café *(siehe S. 67)*.

6 Bluebell Coffee Roasters

Karte L6 ▪ c/Buenos Aires 3 ▪ +34 963 225 413 ▪ https://bluebellcoffeeco.com

Bluebell röstet die Bohnen für seine Kaffeespezialitäten selbst und serviert dazu kleine Gerichte. Mitunter werden auch Verkostungen oder Workshops angeboten.

7 La Petite Brioche Sorní

Karte P4 ▪ c/Sorní 28 ▪ +34 963 223 677 ▪ https://lapetitebrioche.es

Die hübsche Bäckerei mit Café lockt mit köstlichen süßen und pikanten Snacks: Brownies, Pfannkuchen und hausgemachte Kuchen *(siehe S. 66)*.

8 Heladería Soler

Karte M6 ▪ c/Sevilla 21 ▪ https://heladosyturronessoler.com

In der klassischen Eisdiele genießt man neben zahlreichen frisch zubereiteten Speiseeissorten auch leckere *horchata*.

9 Dulce de Leche

Karte L6 ▪ c/Pintor Gisbert 2 ▪ +34 960 035 949

In der Ruzafa-Filiale der bekannten argentinischen Kette schmeckt alles so gut, wie es aussieht – auch die namensgebende Milchcreme *(siehe S. 67)*.

10 Pastelería Limón y Merengue

Karte L6 ▪ c/Sueca 6 ▪ +34 637 108 354 ▪ Sa & So nachmittags & Di geschl. ▪ www.pastelerialimonymerengue.es

Die Konditorei am Nordrand von Ruzafa zählt zu Valencias besten. Die Torten sind wahre Kunstwerke und tragen Namen wie »Dolce Vita« oder »Schneewittchen« *(siehe S. 67)*.

Restaurants & Tapas-Bars

Preiskategorien
Preis für ein Drei-Gänge-Menü pro Person mit einer halben Flasche Wein, inkl. Steuern und Service.

€ unter 35 € €€ 35–50 € €€€ über 60 €

1 El Rodamón de Russafa

Karte D5 ■ c/Sueca 47 ■ +34 963 218 014 ■ €€

Genießen Sie kosmopolitisch inspirierte Tapas: So verbergen sich hinter »Mowgli vs Shere Khan« auf der Karte z. B. Curry-Calamari.

2 Racó del Turia

Karte N5 ■ c/Císcar 10 ■ +34 963 951 525 ■ €€

Eines der besten Restaurants für hiesige Spezialitäten serviert neben klassischer Paella auch *all i pebre* (Aaleintopf) und *fideuà* (Nudelpaella).

3 Gordon 10

Karte N5 ■ c/Conde Altea 49 ■ +34 963 740 787 ■ mittags geschl. ■ www.gordon10.com ■ €€

In dem argentinischen Grillrestaurant sucht sich der Gast das Stück Fleisch selbst aus *(siehe S. 64)*.

4 PULPO

Karte E5 ■ c/Chile 5 ■ +34 963 811 266 ■ So abends, Mo & Di geschl. ■ €€

Seafood dominiert die mediterrane Küche, die wöchentlich wechselnde Speisekarte folgt den Jahreszeiten.

5 Canalla Bistro

Karte N6 ■ c/Maestro José Serrano 5 ■ +34 963 740 509 ■ Di geschl. ■ €€

Ricard Camarenas edles Bistro bietet Internationales von Zucchiniblüten-Tempura bis Reuben Sandwich.

6 La Cooperativa del Mar

Karte D5 ■ c/Literato Azorín 18 ■ +34 963 224 442 ■ mittags geschl. ■ €

Dosenfisch aus Portugal ist hier Hauptzutat – besonders lecker sind die scharfen Tomatenmakrelen mit einem Glas *vinho verde*.

7 Nozomi Sushi Bar

Karte N6 ■ c/Pedro III El Grande 11 ■ +34 961 487 764 ■ Mo & Di sowie So & Mi mittags geschl. ■ www.nozomisushibar.es ■ €€

In dem Sushi-Lokal wird sowohl aufs Dekor als auch auf die Qualität der Speisen streng geachtet *(siehe S. 65)*.

8 Basea

Karte N5 ■ c/Joaquín Costa 26 ■ +34 671 457 169 ■ So & Mo geschl. ■ €€

Hauptdarsteller des charmanten Lokals ist der Grill über offenem Feuer, auf dem Steaks und tagesfrischer Fisch zubereitet werden.

9 Ma Khin Café

Karte N4 ■ Mercado Colón, c/Jorge Juan 19 ■ www.makhincafe.com ■ €€

Die Vielfalt der Aromen, die schön präsentierten Gerichte und der aufmerksame Service machen dieses stilvolle Marktrestaurant zu einem Liebling unter den Einheimischen.

Hochbetrieb in der Küche des Fierro

10 Fierro

Karte M6 ■ c/Doctor Serrano 4 ■ +34 963 305 244 ■ Mo, So geschl. ■ €€€

Um in dem mit einem Michelin-Stern prämierten Restaurant die außergewöhnlichen Kreationen genießen zu können, muss man unbedingt frühzeitig reservieren.

Siehe Karte S. 94f

TOP 10 Norden

Triptychon, Museo de la Historia de Valencia

Die Gegend nördlich des Centro Histórico ist nicht so homogen wie der Süden. Jenseits des Jardín del Turia liegen das Universitätsviertel, das aufstrebende Benimaclet und die Vororte Benicalap und Benferri. Im nordöstlichen Alboraya wurde die *horchata* erfunden. Die dortigen Erdmandelfelder gehen bald in die Felder von La Huerta über, die Valencia mit frischen Erzeugnissen versorgen. Auch in diesen grünen Stadtteilen sind interessante Museen zu entdecken, allen voran das Museo de Bellas Artes. Die Sehenswürdigkeiten liegen weiter verstreut, sind mit der Metro aber gut zu erreichen, von den Stationen sind es selten mehr als 20 Gehminuten.

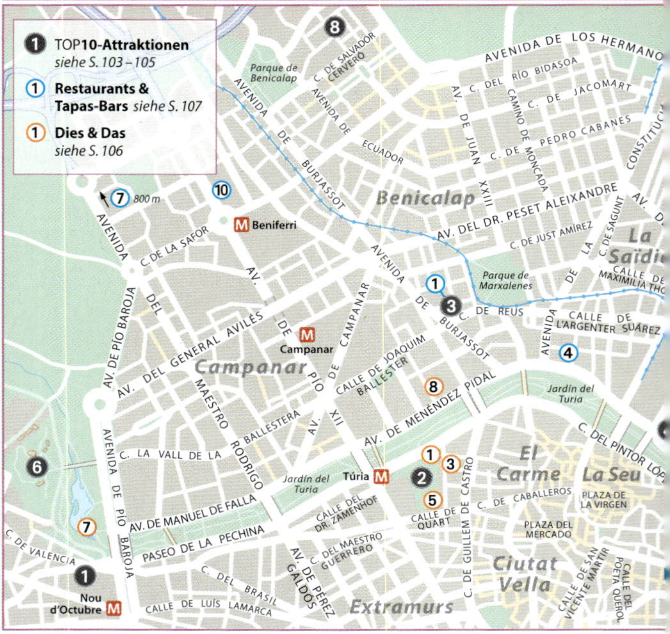

1 Museo de Historia de Valencia

Karte B4 ■ c/Valencia 42 ■ +34 963 701 105 ■ Di–Sa 10–19 Uhr, So 10–14 Uhr ■ Eintritt ■ https://mhv.valencia.es

Im spektakulären Ambiente einer Zisterne aus dem 19. Jahrhundert wird Valencias Geschichte erzählt – von römischer Zeit übers Taifa-Reich Balansiya bis zur Franco-Diktatur. Zwischen stimmungsvoll beleuchteten Pfeilern wohlplatzierte Exponate wie archäologische Fundstücke und Kleidung, aber auch Multimedia-Installationen erläutern die Epochen.

2 Jardín Botánico

Karte C4 ■ c/Quart 80 ■ +34 963 156 800 ■ März–Okt: tägl. 10–19 Uhr (Apr, Sep bis 20, Mai–Aug bis 21 Uhr); Nov–Feb: tägl. 10–18 Uhr ■ Eintritt ■ www.jardibotanic.org

Westlich des Centro Histórico bildet der botanische Garten der Universität Valencia eine vier Hektar große grüne Oase inmitten der Stadt. Er wurde 1567 gegründet, fand seinen heutigen Platz jedoch erst im frühen 19. Jahrhundert. Die Anlage wurde irgendwann aufgegeben und erst 1991 erneuert und wiedereröffnet. Besonders reizvoll sind die Palmen, die Bromelien, die Wüstenvegetation und die fleischfressenden Pflanzen *(siehe S. 50)*.

3 Bombas Gens Centre d'Art

Karte C3 ■ Av. de Burjassot 54–56 ■ +34 963 463 856 ■ Mi–Mo 10–21 Uhr ■ Eintritt frei ■ www.bombasgens.com

Das Kunstzentrum ist ein gutes Beispiel für Valencias Erneuerung. Die alte Fabrik für Hydraulikpumpen, ein Art-déco-Bau aus den 1930er Jahren, stand lange verlassen, bis man sie 2014 restaurierte und als exzellente moderne Galerie wiedereröffnete. Für die kostenlosen Führungen, die von passionierten Experten auch auf Englisch gehalten werden, lohnt es sich, einen Platz zu reservieren *(siehe S. 58)*.

4 Museo de Bellas Artes

Valencias Museum der Schönen Künste besitzt landesweit eine der besten Sammlungen mit Werken aus dem 15. bis 19. Jahrhundert. Besondere Beachtung verdienen die Bilder Joaquín Sorollas und früher valencianischer Maler wie Joan de Joanes, Joan Reixach und Nicolau Falcó, aber auch viele der Renaissancegemälde *(siehe S. 30–33)*.

Galerie im Museo de Bellas Artes

Spaziergängerin zwischen Bäumen in den grünen Jardines del Real

5 Jardines del Real

Karte E3 ■ Calle de San Pío V ■ tägl. 7.30–20.30 Uhr (Sa & So sowie Apr–Okt tägl. bis 21.30 Uhr)

Der gepflegte Park ist ideal, um sich vom Trubel im Centro Histórico zu erholen. Beim Spazieren zwischen Rosenbeeten und Bäumen entdeckt man Skulpturen wie die *Vier Jahreszeiten* des Genueser Bildhauers Jacobo Antonio Ponzanelli. Den königlichen Namen verdankt die Anlage einem Palast aus dem 11. Jahrhundert, der hier stand. Erbaut wurde der für den maurischen Herrscher Abd al-Aziz, von Jaime I erweitert, von Pedro IV umgebaut und in den napoleonischen Kriegen von spanischen Truppen zerstört *(siehe S. 50)*.

6 Bioparc

Karte A3 ■ Av. de Pío Baroja 3 ■ +34 960 660 526 ■ tägl. 10.30–19.30 Uhr ■ Eintritt; unter 4 Jahren frei ■ www.bioparcvalencia.es

In diesem Zoo halten Bäche, Bäume und Kanäle die vorwiegend afrikanischen Tiere in den Gehegen, die mit Affenbrotbäumen, Kopjes (Granitfelsen) und Wasserfällen nahe an der afrikanischen Natur gestaltet sind. Man kann Stunden mit dem Beobachten der Tiere verbringen – auch von Nahem wie z. B. bei der Elefantenfütterung *(siehe S. 60)*.

Seidenturako, Bioparc

7 Museo de Ciencias Naturales

Karte E3 ■ c/General Élio 9 ■ +34 962 084 313 ■ Di–So 10–19 Uhr ■ Eintritt

Ein Bauwerk rationalistischen Stils in den Jardines del Real beheimatet die breite Sammlung des naturwissenschaftlichen Museums, dessen Themen von Mollusken bis zur großen Artenvielfalt der Region reichen. Glanzstücke der Ausstellung sind Fossilien aus dem Pleistozän, die ein hiesiger Ingenieur in Südamerika gefunden hat. Unter den Säugetierskeletten, auf die sich schon Charles Darwin in *Über den Ursprung der Arten* bezog, finden sich die Knochen eines Säbelzahntigers und eines elefantengroßen Riesenfaultiers.

8 Museo del Gremio de Artistas Falleros

Karte C1 ■ Av. de San José Artesano 15 ■ +34 963 479 623 ■ Mo–Fr 10–14 & 16–19 Uhr, Sa 10–14 Uhr; Aug geschl. ■ Eintritt ■ https://artistasfallerosgremio.com

Der Künstler Regino Mas, der Las Fallas *(siehe S. 34f)* 1934 schon um »L'Indult del Foc« bereichert hatte, gründete 1943 die »Gilde der Fallas-Künstler« und setzte sich dafür ein, die sogenannte Ciudad Fallera mit all ihren Werkstätten und Lagerhäusern einzurichten. In dieser »Fallas-Stadt« informiert heute das Museum der Gilde über den Kreativprozess rund um die kunstvollen *fallas* – von den ersten Skizzen bis zur fertigen Skulptur *(siehe S. 59)*.

9 Monasterio de San Miguel de los Reyes

Karte D1 ■ Av. de la Constitución 284 ■ Di–Fr 10–14 & 17–20 Uhr, Sa, So 11–14 Uhr; Führungen: Sa & So 12 Uhr (val.), 13 Uhr (span.) ■ www.bv.gva.es

Fernando de Aragón, Herzog von Kalabrien, gründete dieses Kloster 1546 und beauftragte die Baumeister Alonso de Covarrubias und Juan de Vidaña mit dem Entwurf. Der Komplex gehört zu den schönsten Bauwerken der valencianischen Renaissance und ist seit 1999 Sitz von Valencias Zentralbibliothek *(siehe S. 58)*.

Monasterio de San Miguel de los Reyes

10 La Mestalla

Karte E4 ■ Avenida de Suecia ■ www.valenciacf.com

Das Stadion ist seit 1923 Heimstatt des FC Valencia, des Top-Vereins der Stadt. Bei einer Führung sieht man die Umkleidekabinen und kann durch den Spielertunnel aufs Feld marschieren, am besten erlebt man La Mestalla jedoch gemeinsam mit fast 50 000 Fans bei einem Spiel des Valencia Club de Fútbol.

Lo Rat Penat

Die Fledermaus mit den gespreizten Flügeln erscheint auf Valencias Wappen und dem des Valencia Club de Fútbol. Der Sage nach baute eine Fledermaus im Jahr 1238 auf dem Zelt von König Jaime I, der vor Valencia sein Feldlager aufgeschlagen hatte, ein Nest. Als der König befahl, dieses nicht zu zerstören, dankte es ihm die Fledermaus, indem sie einen Angriff der Mauren sabotierte.

Tagestour

Vormittags

Leihen Sie sich bei **Valencia Bikes** in der Avenida de la Pechina fahrbaren Untersatz und radeln Sie durch den **Jardín del Turia** *(siehe S. 22f)*. Über den **Puente de las Flores** geht es zum **Palacio de la Exposición**, einen 1909 von Francisco Mora Berenguer errichteten Modernisme-Bau, und in die Avenida de Suecia mit der Fußballarena **La Mestalla**. Weiter geht es auf dem Radweg des Periférico Norte, der um die nördlichen Vororte führt. Der Bau zur Linken, der an das Spiel Jenga erinnert, ist der **Espai Verd** *(siehe S. 59)*.

In Alboraya gönnen Sie sich in der **Horchatería Daniel** *(siehe S. 106)* eine erfrischende Erdmandelmilch, dann folgen Sie der Ringstraße zum **Monasterio de San Miguel de los Reyes**. Von da sind es keine drei Kilometer bis zum **Museo del Gremio de Artistas Falleros**, wo nach dem Besuch ein Mittagessen im benachbarten Restaurant wartet.

Nachmittags

Wer Erfrischung benötigt, macht in der nahen **Piscina Parque Benicalap** *(siehe S. 61)* Rast, bevor es zurück zum Radverleih geht – vorbei am von Norman Foster gestalteten **Palacio de Congresos** und über die Avenida de las Cortes Valencianas. Dort steht die Skulptur *La Dama Ibérica*, die Manolo Valdés aus unzähligen blau glasierten Keramikstückchen geschaffen hat. Falls die Kraft in den Beinen noch reicht, machen Sie einen kleinen Umweg über die Calle de la Safor und den **Parque de Cabecera** *(siehe S. 106)*.

Dies & Das

Fassade des Teatro la Estrella

1 Teatro la Estrella

Karte J2 ■ c/Dr. Sanchez Bergón 29 ■ +34 963 562 292 ■ www.teatrolaestrella.com

Die Stücke des Marionettentheaters, das auch eine Bühne in El Cabanyal hat, bieten eine Stunde Kinderunterhaltung guter alter Art *(siehe S. 60)*.

2 Bodega Baltasar Segui

Karte E2 ■ c/Emilio Baró 17 ■ +34 963 691 384 ■ So geschl.

Die Auswahl an valencianischen und spanischen Tropfen ist groß in dieser traditionellen Weinbar in Benimaclet.

3 Café del Duende

Karte J1 ■ c/Túria 62 ■ +34 630 455 289 ■ www.cafedelduende.com

Die traditionellen Flamenco-Shows in dem angenehm schlichten Lokal sind sehr populär *(siehe S. 63)*.

4 Lladró

Karte E1 ■ Calle de Alboraya, Tavernes Blanques ■ +34 961 860 421 ■ Mo–Fr 9.30–18 Uhr, Sa 9–14 Uhr ■ www.lladro.com

Auch wenn die Porzellanfiguren von Lladró Ihr Reisebudget sprengen würden, lohnt sich die Teilnahme an einer kostenlosen Führung durch den Firmenhauptsitz *(siehe S. 59)*.

5 Vinyl Eye

Karte J2 ■ c/Túria 35

Die Boutique des musikinspirierten Modelabels mit Designs von Street-Art-Künstlern aus Valencia ist Kunstgalerie und T-Shirt-Shop.

6 Black Note Club

Karte E4 ■ c/Polo y Peyrolón 15 ■ www.blacknoteclub.com

Der stimmungsvolle Club ist eine Top-Adresse für Livemusik – von Rock und Soul bis R&B und Blues.

7 Parque de Cabecera

Karte A4/B4 ■ Avenida de Pío Baroja

Der Park am »Kopfende« *(cabecera)* des Jardín del Turia erinnert an die hier ursprüngliche Flusslandschaft *(siehe S. 51)*.

8 Dulzumat

Karte C3 ■ Av. de Menéndez Pidal 8 ■ +34 963 402 620 ■ €

Um sich in dieser alteingesessenen *pastelería* mit hausgemachten Kuchen und Schokoladen einzudecken, pilgern Kunden aus ganz Valencia her *(siehe S. 67)*.

9 Horchatería Daniel

Karte E3 ■ Av. de la Horchata 41 ■ +34 961 858 866 ■ www.horchateria-daniel.es ■ €

Daniel Tortajada begann 1960 damit, in seinem Haus *horchata* anzubieten. Heute verkauft seine *horchatería* jährlich rund 140 000 Liter der Erdmandelmilch und dazu eine Million der von ihm erfundenen Hefegebäckstangen *fartóns (siehe S. 66)*.

10 Jardín de Monforte

Karte P2 ■ Plaza de la Legión Española ■ tägl. 10.30–18 Uhr (Frühjahr & Sommer bis 20 Uhr)

Der schöne Park, den der valencianische Architekt Sebastián Monleón y Estellés 1859 entwarf, umfasst einen Geometrischen und einen Romantischen Garten *(siehe S. 50)*.

Statuen im Jardín de Monforte

Restaurants & Tapas-Bars

Preiskategorien
Preis für ein Drei-Gänge-Menü pro Person mit einer halben Flasche Wein, inkl. Steuern und Service.

€ unter 35 € €€ 35–60 € €€€ über 60 €

1 Ricard Camarena Restaurant

Karte C3 ▪ Av. de Burjassot 54 ▪ +34 963 355 418 ▪ So–Di geschl. ▪ www.ricardcamarena.com ▪ €€€

Ricard Camarenas Flagship-Restaurant im Bombas Gens Centre d'Art *(siehe S. 103)* bietet experimentelle Küche der Spitzenklasse *(siehe S. 64)*.

2 Olegari

Karte F3 ▪ c/Músico Hipólito Martínez 8 ▪ +34 960 623 787 ▪ €

In der Pizzeria ist schnell gewählt: Man ordert die Zahl der Stücke, der Belag ist eine Überraschung.

3 Tanto Monta

Karte F3 ▪ c/Poeta Artola 19 ▪ +34 963 298 106 ▪ mittags & So geschl. ▪ €

Hier schmecken *pinchos* (baskische Tapas) und herzhafte *montaditos* (kleine Sandwiches).

4 Joaquín Schmidt

Karte D3 ▪ c/Visitación 7 ▪ +34 670 750 217 ▪ So & Mo geschl. ▪ €€€

Um in dem ungewöhnlichen Restaurant ein vier-, fünf- oder siebengängiges Menü des Küchenchefs zu genießen, muss man reservieren.

5 Rinconet Exposición

Karte E3 ▪ Plaza Polo de Bernabe 4 ▪ +34 637 157 141 ▪ So abends & Mo geschl. ▪ €

Das nette spanische Restaurant ist für gute herzhafte Küche bekannt.

6 Balansiya

Karte F3 ▪ Paseo de las Facultades 3 ▪ +34 963 890 824 ▪ Mo geschl. ▪ €€

Für einen Besuch in diesem marokkanischen Restaurant, wo Tagines und Couscous-Gerichte die Aromen von Al-Andalus heraufbeschwören, lohnt sich der Weg nach Tarongers. Der Eingang mit Mudéjar-Bogen und Brunnen ist nicht zu übersehen.

7 Tavella Restaurant

Karte B2 ▪ Camino Viejo de Liria 93 ▪ +34 963 498 771 ▪ So & Mo geschl. ▪ www.tavellarestaurant.com ▪ €€

Bei Küchenchef Pablo Chirivella liegt der Fokus auf besten Zutaten – vor allem Erzeugnisse aus dem Mittelmeer und den nahen Feldern von La Huerta *(siehe S. 59)*.

Tavella Restaurant

8 El Aprendiz

Karte E3 ▪ Plaza Río Duero 6 ▪ +34 960 508 919 ▪ Mo mittags geschl. ▪ €€

Das schicke Lokal serviert vor allem kosmopolitisch inspirierte Tapas.

9 Lienzo

Karte N2 ▪ Plaza de Tetuán 18 ▪ +34 963 521 081 ▪ So abends & Mo, Di geschl. ▪ €€

Der minimalistische Gastraum des erstklassigen Restaurants bildet einen schönen Rahmen für die ansprechend angerichteten Tapas.

10 Voltereta

Karte N5 ▪ Av. de las Cortes Valencianas 26 ▪ +34 962 604 607 ▪ €€

Dank der Bäume fühlt man sich auch im Innern des reizvollen Lokals, das einfallsreiche Tapas bietet, wie in einem Garten.

Siehe Karte S. 102f

TOP 10 Küstenregion

Büste des Schriftstellers im Casa Museo Blasco Ibáñez

Valencias Poblats Marítims, die Fischerviertel am Meer, entstanden im 13. Jahrhundert und nahmen eine von der Stadt unabhängige Entwicklung. El Cabanyal, das die drei Viertel Canyamelar, Cap de França und El Cabanyal nördlich des Hafens umfasst, war bis 1897 eigenständige Gemeinde. Der leicht verwitterte *barrio* hat viel Flair, seine bunt zusammengewürfelten Häuser zieren Fliesen in maritimen Farben. Hauptattraktion sind aber die – auch für spanische Verhältnisse – traumhaften Strände, die eine lebhafte Promenade säumt.

Spaziergänger und Radfahrer auf dem Paseo Marítimo

1 Paseo Marítimo

Karte H3 – H5

Die von Palmen gesäumte Strandpromenade verläuft entlang der Playa de las Arenas und der Playa de la Malvarrosa. Sie beginnt an den großen Fahnen bei der Marina und zieht sich etwa 2,5 Kilometer lang bis zu der Stelle, wo die Playa de la Patacona beginnt; auf der gesamten Länge verläuft parallel auch ein Radweg. Besonders reizvoll ist es hier am Abend, wenn die valencianischen Familien spazieren gehen.

2 Museo del Arroz

Karte G5 ▪ c/Rosario 3 ▪ +34 963 525 478 ▪ Di – Sa 10 – 14 & 15 – 19 Uhr, So 10 – 14 Uhr ▪ Eintritt ▪ www.museodelarrozdevalencia.com

Reis ist ein Hauptexportprodukt Valencias und Basiszutat für viele traditionelle Speisen der Region – im Alltag spielt er hier nach wie vor eine wichtige Rolle. Das Museum in der alten Reismühle Molino de Serra von 1900 präsentiert restaurierte Maschinen aus dem frühen 20. Jahrhundert und zeigt den Weg der Reiskörner vom Feld in die Verpackung.

3 Atarazanas del Grao

Karte G5 ▪ Plaza Juan Antonio Benlliure ▪ +34 963 525 478 ▪ Di – Sa 9.30 – 14 & 15 – 19 Uhr, So 9.30 – 15 Uhr ▪ Eintritt

In den fünf Gebäuden aus dem 14. Jahrhundert wurden während Valencias Blütezeit im internationalen Seehandel Schiffe gebaut und repariert. Die Hallen wurden in den 1990er Jahren sehr schön restauriert und dienen heute gelegentlich für wechselnde Kunstausstellungen.

4 Mercado del Cabanyal

Karte G5 ▪ c/Martí Grajales 4 ▪ Mo – Sa 7 – 14.30 Uhr ▪ www.mercadocabanyal.es

Bis zum Bau des großen rosafarbenen Marktgebäudes im Jahr 1958 kauften die Einwohner des Viertels auf Straßenmärkten in Canyamelar, Cap de França und El Cabanyal ein. Nun versorgen sie sich hier mit frischem Fleisch, Obst und Gemüse sowie mit exzellentem Fisch und fangfrischen Meeresfrüchten direkt von den Booten vor der Küste. Angebot und Atmosphäre sind frühmorgens am besten.

Mercado del Cabanyal

5 Playa de las Arenas

Karte H5

Von Valencias großartigen Stadtstränden liegt dieser der Marina am nächsten. Von der Metro-Station Marítim-Serrería ist es nur noch eine kurze Tramfahrt hierher. Am Strand kann man Liegen und Sonnenschirme mieten, im Sommer sorgen Rettungsschwimmer für Sicherheit, Stärkung bieten zahlreiche Restaurants an Paseo Marítimo und Paseo de Neptuno. Die nördliche Strandhälfte ist wegen des angrenzenden Stadtteils auch als Playa del Cabanyal bekannt *(siehe S. 52)*.

6 Playa de la Patacona

Karte H2

Der nördlichste und ruhigste Stadtstrand zieht sich im Stadtteil Alboraya zwei Kilometer lang bis zum Río Carraixet. Im Sommer bieten hier *chiringuitos* (hölzerne Strandbars) kalte Getränke und Schatten. Am schönsten ist der La Más Bonita Chiringuito vor dem Café La Más Bonita Patacona *(siehe S. 112)*, es gibt allerdings günstigere *(siehe S. 53)*.

7 Edificio del Reloj

Karte G5 ▪ Muelle del Grao ▪ tägl. 11–18 Uhr

Das von dem Architekten Federico de Membrillera entworfene klassizistische Gebäude heißt nach der Uhr *(reloj)* an der Spitze seines Turms. Es wurde im Jahr 1916 als Zollbüro erbaut und ist heute Sitz der Hafenbehörde.

Edificio del Reloj

8 Casa Museo Blasco Ibáñez

Karte H3 ▪ c/Isabel de Villena 159 ▪ +34 962 082 586 ▪ Di–Sa 10–14 & 15–19 Uhr, So 10–14 Uhr ▪ Eintritt ▪ www.casamuseoblascoibanez.es

Der Schriftsteller und Journalist Vicente Blasco Ibáñez schrieb gern über das Leben in La Huerta, so auch in *Cañas y barro (Sumpffieber)*. Außerhalb Spaniens sind vor allem die späteren Romane bekannt, die in Hollywood verfilmt wurden – *Die vier Reiter der Apokalypse* war Rudolph Valentinos Durchbruch als Schauspieler. Das Casa Museo ist ein Nachbau, steht aber dort, wo auch Ibáñez' Originalvilla stand. Es gibt Einblick ins Leben des Autors und zeigt Persönliches wie Brille und Pfeife, Reiseberichte und Möbel aus dem Büro der von ihm gegründeten Zeitung *El Pueblo*.

9 Veles e Vents

Karte H5 ▪ Muelle de la Aduana

Der ultramoderne Bau *(siehe S. 47)* stand im Zentrum der Hafensanierung für den America's Cup 2007 und ist auch unter diesem Namen bekannt. Der Pavillon aus weißen Betonterrassen ist ein neues und kühnes Element an der Uferfront,

Das America's Cup Building Veles e Vents

wenngleich sich sein minimalistisches Design vor allem dadurch erklärt, dass dem britischen Architekten David Chipperfield, nachdem er den Wettbewerb für das Veranstaltungszentrum gewonnen hatte, nur elf Monate für den Bau blieben. Das nach einem Gedicht von Ausiàs March *(siehe S. 49)* benannte Gebäude birgt mehrere Restaurants, u. a. das edle La Sucursal *(siehe S. 113)*.

Der America's Cup in Valencia

Valencia war zweimal Austragungsort der weltberühmten Regatta. Da das Schweizer Siegerteam Alinghi seinen Titel nicht zu Hause verteidigen konnte, sprang Valencia ein – die Stadt nutzte dies als Gelegenheit, ihren Hafen zu sanieren und die Marina Real Juan Carlos I und das Veles e Vents zu bauen. Als das Team Alinghi 2007 erneut gewann, wurde der Americas Cup 2010 wieder in Valencia ausgetragen.

10 Playa de la Malvarrosa

Karte H3

Valencias beliebtester Stadtstrand liegt zwischen der Playa de las Arenas im Süden und der Playa de la Patacona im Norden. Hier erholen sich gern Pärchen, Familien und Freunde – nicht zuletzt wegen der guten Sporteinrichtungen, zu denen Basketballkörbe, Fußballplätze (inkl. Tore) und Beachvolleyballfelder zählen *(siehe S. 52)*.

Spaziergang

Nachmittags

Starten Sie den Bummel durch das reizende Fischerviertel am **Mercado del Cabanyal**, wo Sie sich auch gleich mit Proviant eindecken können. Dann geht es auf der **Calle del Mediterráneo** zur **Casa del Oso** *(siehe S. 47)* – das Mosaik am Haus zeigt, wie hier früher Fischerboote noch mit Ochsen an Land gezogen wurden. Diese sogenannte *pesca dels bous* stellte auch Joaquín Sorrolla auf vielen seiner berühmten Bilder dar, z. B. bei *La Vuelta de la Pesca (siehe S. 33)*. Beim Rückweg auf der Calle del Mediterráneo biegen Sie rechts in die **Calle de la Reina** ein, wo Nr. 164, Nr. 173 und Nr. 180 wunderschöne Fliesen zeigen. An der nächsten Ecke geht es links und weiter bis zur **Calle de Escalante**. Rechter Hand liegt Hausnummer 225, ein mit grün-weißem Schachbrettmuster verzierter Häuserblock, der wohl zu den hübschesten im ganzen Viertel zählt.

Gehen Sie ein paar Schritte zurück und biegen Sie links in die **Calle del Progreso** ein. Die zwei gegenüberliegenden Häuser auf Nr. 262 und Nr. 279 präsentieren sehenswerte Vasenmosaiken und Greifenkopf-Abflüsse. Spazieren Sie weiter Richtung Norden, biegen Sie links in die **Calle de Don Vicente Guillot** und dann gleich wieder rechts in die **Calle de José Benlliure** ein. Die Hausnummern 315–317 mit dem grün-weißen Fliesenmuster, 1928 erbaut, ziert eine eindrucksvolle Balustrade samt *Trencadís*-Bild. Fürs wohlverdiente Abendessen empfiehlt sich frischer Fisch in **La Lonja del Pescado** *(siehe S. 113)*.

Cafés, Bars & Clubs

Der unkonventionelle Gastraum der Fábrica de Hielo

1 La Fábrica de Hielo

Karte H5 ■ c/Pavia 37 ■ +34 963 682 619 ■ Mo – Do mittags geschl. ■ www.lafabricadehielo.net

In dem originellen Kulturzentrum in einer alten Eisfabrik bei der Playa de las Arenas genießt man Streetfood wie Focaccia-Sandwiches oder galicische Burger vom Imbisswagen La Regional, während man Livemusik von Jazz bis Bluegrass lauscht.

2 Bodega La Peseta

Karte G5 ■ c/Cristo del Grao 16 ■ +34 960 431 585 ■ Mo – Di geschl.

In der Seitenstraßen-Bodega und Weinhandlung treffen sich Valencianer gern auf Tapas und den einen oder anderen Wermut.

3 Bodega La Pascuala

Karte H3 ■ c/Dr. Lluch 299 ■ +34 963 713 814 ■ abends & So geschl. ■ https://bodegalapascuala.es

Die Sandwiches in der schlichten Bodega, nur einen Block vom Strand entfernt, sind so üppig, dass eine ganze Familie satt wird.

4 La Más Bonita Patacona

Karte H4 ■ Paseo Marítimo de la Patacona 11 ■ +34 961 143 611

Das lässige Café an der Uferpromenade von Alboraya vermittelt mit weißen Wänden, türkisfarbenen Fensterläden und Kakteen Inselfeeling. Hier kann man brunchen und abends an Cocktails nippen.

5 Destino 56

Karte H5 ■ Paseo de Neptuno 56 ■ +34 963 724 433

Das Bar-Restaurant an der palmengesäumten Promenade von Las Arenas serviert ein gutes Dutzend Ginsorten und ist der perfekte Ort für einen entspannten Drink am Abend.

6 Marina Beach Club

Karte H5 ■ c/Marina de Valencia ■ +34 961 150 007 ■ https://marinabeachclub.com

In dem trendigen Strandclub heißt es Sehen und Gesehenwerden. Die Liegen sind teuer, doch der Pool ist fantastisch und der Club bis in die frühen Morgenstunden geöffnet.

7 Anyora

Karte G5 ■ c/Don Vicente Gallart 15 ■ +34 963 558 809 ■ So geschl.

An der Bar der schön gefliesten Bodega kann man sich ein, zwei Gläschen Naturwein schmecken lassen.

8 Botadura Coctelería

Karte G5 ■ c/Josep Benlliure 27

In dieser Bar gibt es tolle Cocktails. Die Barkeeper mixen auch gerne etwas Besonderes für Sie.

9 Chirringuito El Ocho

Karte H4 ■ Paseo Marítimo de la Patacona 93 ■ +34 634 839 961

Schilfdächer spenden Schatten für ein kaltes Bier oder *Agua de Valencia* in dieser entspannten Strandbar an der Playa de la Patacona.

10 Akuarela Playa

Karte H3 ■ c/Eugenia Viñes 152 ■ +34 963 374 720

In dem Multispace-Club an der Playa de la Malvarrosa ist ab 1 Uhr eine breite Musikauswahl zu hören. So richtig los geht die Party aber erst gegen drei *(siehe S. 63)*.

Fischrestaurants

Preiskategorien
Preis für ein Drei-Gänge-Menü pro Person mit einer halben Flasche Wein, inkl. Steuern und Service.

€ unter 35 € €€ 35–60 € €€€ über 60 €

1 Casa Carmela

Karte H3 ■ c/Isabel de Villena 155 ■ +34 963 710 073 ■ €€

Paellas und Reisgerichte sind die Spezialität des schicken Restaurants am nördlichen Ende der Playa de la Malvarrosa, das allerdings schon um 19 Uhr schließt.

2 La Lonja del Pescado

Karte H4 ■ c/Eugenia Viñes 243 ■ +34 963 553 535 ■ Mo geschl. ■ €

Für dieses schlichte traditionelle Lokal im alten Fischmarkt von El Cabanyal, wo man sich mit frischem Fisch wirklich auskennt, lohnt es sich, den Strand zu verlassen.

3 Casa Montaña

Karte G5 ■ c/José Benlliure 69 ■ +34 963 672 314 ■ So abends geschl. ■ €€

In der stimmungsvollen *taberna* genießt man großartige Tapas – drinnen zwischen großen Weinfässern oder im ruhigen Hof *(siehe S. 64)*.

4 Bar Cabanyal

Karte G4 ■ c/Martí Grajales 5 ■ +34 961 335 377 ■ Mo, Di geschl. ■ €

Das unprätentiöse Lokal serviert superfrische Seafood-Tapas und Gerichte wie gegrillten Tintenfisch oder Krabbensalat. Dass auf der Karte keine Preise stehen, muss Sie nicht kümmern – hier ist alles preiswert.

5 Boa Beach

Karte H5 ■ Paseo de Neptuno 62 ■ https://boabeach.es ■ €€

Unter den vielen Restaurants an der Playa de las Arenas hat sich das Boa Beach vor allem auf gesundheitsbewusste Gäste eingestellt – mit vielen vegetarischen, veganen und leichten Gerichten.

6 Casa César

Karte H3 ■ c/Isabel de Villena 71 ■ +34 963 555 710 ■ abends geschl. ■ €€

Erfreuen Sie sich hier an tollen Reisgerichten, leckerem *esgarrat* oder fangfrischem Tintenfisch vom Grill.

7 Casa Guillermo

Karte G5 ■ c/Progreso 15 ■ +34 963 679 177 ■ So geschl. ■ www.casaguillermo1957.com ■ €€

Neben Anchovis, der Spezialität der Tapas-Bar, schmecken hier z. B. auch *titaina* aus Tomaten und Thunfisch *(siehe S. 65)*.

8 La Sucursal

Karte H5 ■ Muelle de la Aduana ■ +34 645 201 679 ■ So abends, Mo & Di geschl. ■ €€€

Das Sternerestaurant im Veles e Vents *(siehe S. 110f)* lockt mit feinen Degustationsmenüs, perfektem Service und fantastischer Aussicht.

9 La Pepica

Karte H5 ■ Paseo de Neptuno 6 ■ +34 963 710 366 ■ €€

Das große Restaurant serviert seit über 120 Jahren Paella. Zu den Gästen zählten auch schon viele Promis.

Gäste im beliebten La Pepica

10 La Fábrica del Grao

Karte G5 ■ c/Cristo del Grao 14 ■ +34 960 642 843 ■ €

Gäste des netten Bar-Restaurants genießen mexikanisch-spanische Küche, z. B. Fisch-Tacos oder *aguachile*, das einer Ceviche ähnelt.

Siehe Karte S. 108

TOP 10 Abstecher

Schale aus Manises (spätes 15. Jh.)

Zur Autonomen Gemeinschaft Valencia gehört weit mehr als die Stadt selbst: die Felder von La Huerta, die Berge der Sierra Calderona, die Feuchtgebiete im Parque Natural de la Albufera, die Weinregion Utiel-Requena ... All das liegt nur eine Stunde Fahrt vom Stadtzentrum entfernt. Und es gibt noch mehr zu entdecken, etwa römische Festungen, Klöster aus der Ära der christlichen Reconquista oder Keramikzentren. Zu einigen Dörfern in La Albufera fahren Busse, zur Stadt Xàtiva Züge. Wer mit dem Auto unterwegs ist, erreicht viele Orte in Tagesausflügen – oder plant Übernachtungen ein, um auch die eine oder andere Weinprobe genießen zu können.

Vorhergehende Doppelseite Besucher in der Burganlage von Xàtiva

1 Parque Natural de la Sierra Calderona

Karte B5 ▪ https://parquesnaturales.gva.es

Nördlich von Valencia gehen flache Felder langsam in die Ausläufer der Sierra Calderona über, deren höchster Gipfel, El Gorgo, 907 Meter erreicht. Die raue Landschaft mit den Korkeichenwäldern, wo Wildkatzen und Steinadler leben, ist ein schönes und gut erreichbares Wandergebiet.

2 Real Monasterio de Santa María del Puig

Karte B5 ▪ c/Lo Rat Penat 1A, El Puig de Santa Maria ▪ +34 961 470 200 ▪ Führungen: Di–Sa 10, 11, 12, 16, 17 Uhr, So 12 Uhr ▪ Eintritt ▪ www.monasteriodelpuig.org

Das Kloster ist ein Symbol für die christliche Eroberung Valencias. König Jaime I glaubte fest, dass seine Truppen in der Schlacht von El Puig 1237 von einer Marienfigur beschützt worden waren, die man wenige Jahre zuvor auf dem Hügel (val. *puig*) gefunden hatte. Er erklärte die Jungfrau zur Schutzheiligen seines neuen Königreichs und ließ an der Stelle seines entscheidenden Sieges eine Kirche erbauen. Auf den Grundmauern dieses Gotteshauses wurde um 1300 die heutige gotische Kirche errichtet, 1588 das imposante Kloster. Auf Führungen sehen Besucher die Kreuzgänge, den königlichen Saal und die Hauptkapelle mit der Marienstatue *(siehe S. 45)*.

3 Xàtiva

Die von der Estación del Nord eine halbe Zugstunde entfernte historische Stadt Xàtiva ist ein schönes Ziel für einen Tagesausflug. Das mittelalterliche Zentrum prägen gotische Kirchen, grüne Plazas und Tapas-Bars. Viel Zeit sollte man für die mächtige Burg über der Altstadt einplanen. Dort oben hatten schon Karthager und Römer Festungen erbaut *(siehe S. 38f)*.

4 Manises

Karte B5 ▪ www.manises.es

Ein Großteil der schönsten Fliesendekorationen an Valencias Gebäuden kommt aus Manises. In der Kleinstadt bei Valencias Flughafen produziert man seit mehr als 700 Jahren metallisch glasierte Keramiken. Manises' historischer Fliesenschmuck ist blau-weiß, besonders schöne Dekors zieren die Häuser am Paseo Guillermo de Osma und die Fassade des Fremdenverkehrsbüros.

5 Parque Natural de la Albufera

Der herrliche Naturpark beginnt unweit der südlichen Stadtgrenze. Zu dem Gebiet gehören ein großer See und ökologisch bedeutende Feuchtgebiete, aber auch Strände, Stege, an denen Holzboote dümpeln, und traditionelle Dörfer, die für Paella berühmt sind. Der Reis für die Spezialität wird auf den umliegenden Feldern angebaut *(siehe S. 36f)*.

Entspannte Bootsfahrt im Parque Natural de la Albufera

6 La Huerta

Karte B5

Die überaus fruchtbaren Felder dieser Kulturlandschaft, die gleich am nördlichen Stadtrand beginnen, werden von den Valencianern fast schon mythisch verehrt. Sie wurden bereits in römischer Zeit bewirtschaftet, das Netz der *acequias* (Bewässerungskanäle) führten aber erst die Mauren ein. Durch diese Kanäle wird Wasser vom Río Turia zu den Feldern mit Kartoffeln, Auberginen, Tomaten, Melonen und Erdmandeln geleitet. Die hypnotische Landschaft aus gepflegten Gemüsefeldern, Olivenhainen und Obstgärten ist durchsetzt von ein paar großen Bauernhäusern *(alquerías)* und Arbeiterhütten *(barracas)* mit steilen Dächern.

7 Palau Ducal dels Borja

Karte C6 ■ c/Duc Alfons el Vell 1, Gandia ■ Mo–Sa 10–13, 16–18 (Apr–Okt: bis 19), So 10–13 Uhr ■ Eintritt ■ www.palauducal.com

Mit der schlichten Fassade täuscht der gotische Palast über seine innere Pracht hinweg. Im 13. Jahrhundert wurde er als Residenz der Herzöge von Gandia erbaut und 1485 von der Familie Borgia erworben. Francisco de Borja, Jesuit und Heiliger, wurde hier geboren. Heute ist der Palast im Besitz der Jesuiten. Besonders schön sind seine Säle, insbesondere der geflieste Salón de Coronas mit der verzierten Holzdecke, die üppig barocke Galería Dorada und die neugotische Kapelle mit den goldenen Sternen im blauen Deckengewölbe.

8 Castillo de Sagunto

Karte B5 ■ Calle de Castillo, Sagunto ■ +34 962 617 267 ■ Di–Sa 10–18 Uhr (Juni–Sep: bis 20 Uhr), So 10–14 Uhr ■ www.saguntoturismo.com

Die alte Festung, die sich gut 800 Meter lang an den Ausläufern der Sierra Calderona erstreckt, ist wohl das eindrucksvollste unter den römischen Relikten in und um Sagunto. Nach dem Abzug der Römer nutzten Westgoten, Mauren und Christen die Burg. Römische und maurische Überbleibsel sieht man am besten auf der Plaza de Armas, dem römischen Forum, und der Plaza de la Conejera, das Angebot an Informationen ist hier allerdings recht spärlich.

Loggia im Castillo de Sagunto

9 Monasterio de Santa María de la Valldigna

Karte B6 ■ Plaza de Guillem Agulló, Simat de la Valldigna ■ +34 961 832 930 ■ Öffnungszeiten siehe Website ■ www.turismesimat.com

Den Namen des von Jaime I 1298 gegründeten Klosters erklärt eine Sage folgendermaßen: Als der König den Abt von Santes Creus fragte, ob dieses Tal eines Klosters würdig sei, antwortete der *»Vall digna!«* (»Tal würdig!«). Und er hatte gewiss recht: Das umliegende Land ist so fruchtbar, dass es dem Kloster genug wirtschaftliche Macht einbrachte, fast 600 Jahre lang eine aktive Rolle in Valencias Gesellschaft zu spielen. Einer seiner Äbte, Rodrigo Borgia, wurde später als Alexander VI. zum Papst gewählt. Hauptattraktion des Klosters ist heute die

Statue in Santa María de la Valldigna

wunderschöne Kirche Santa María de la Valldigna mit den großen Kuppeln, der prachtvoll verzierten Decke und den sechs eindrucksvollen Kapellen.

10 Utiel-Requena

Karte A5 ■ Ruta del Vino: www.rutavino.com

Utiel-Requena ist das größte Weinbaugebiet der Autonomen Gemeinschaft Valencia – hier bauten auch schon die Iberer vor rund 2500 Jahren Wein an. Die Denominación de Origen heißt nach den zwei benachbarten Städten Utiel und Requena, die rund 70 Kilometer westlich von Valencia liegen. Unter beiden Städten verläuft ein ganzes Netz aus Kellerräumen, in denen früher der Wein in Krügen gelagert wurde. An der Weinstraße Ruta del Vino kann man an mehreren Weingütern Station machen und an Weinproben teilnehmen.

Wein aus Valencia

In der Region Valencia haben drei Anbaugebiete den Status einer *Denominación de Origen*. Bei Weinen mit der Ursprungsbezeichnung Utiel-Requena dominiert die heimische Rebsorte Bobal, so etwa beim erdig beerigen Murviedro. Aus der D.O. Valencia kommen trockene Weiße aus Macabeo- und Merseguera-Reben und der süße Moscatel de Valencia, die D.O. Alicante im Süden ist vor allem für ihren Fondillón bekannt.

Tagestour

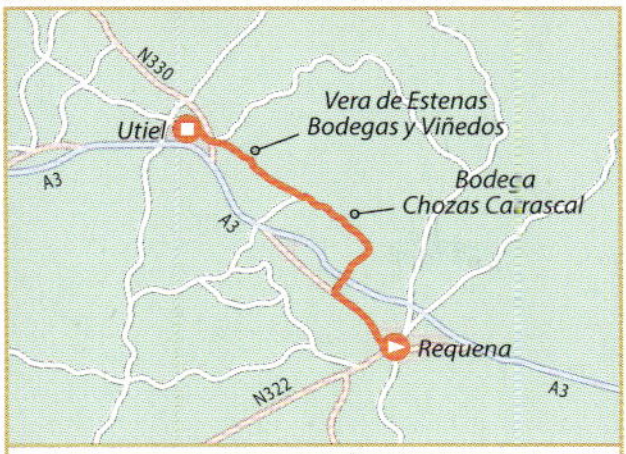

Vormittags

Um die Tour durch die Weinregion Utiel-Requena in (buchstäblich) vollen Zügen genießen zu können, empfiehlt es sich, einen Fahrer zu engagieren – schließlich hält man unterwegs an sehr schönen Weingütern, die Verkostungen anbieten. Der Tag beginnt in **Requena**, wo Sie im Museo del Vino, das in El Cids Palast aus dem 15. Jahrhundert untergebracht ist, Informationen über die Weine der Region einholen (+34 962 303 281; Mi – So ab 10.30 Uhr; Eintritt) und in der Altstadt die unterirdischen Cavas de la Villa erkunden. Diese stimmungsvoll beleuchteten Kavernen wurden in maurischer Zeit in den Kalkstein gegraben. Ein gutes Mittagessen erwartet Sie in der reizenden Tapas-Bar Mesón la Villa *(siehe S. 121)*.

Nachmittags

Auf der Fahrt nach Nordosten erreichen Sie nach 18 Kilometern die **Bodega Chozas Carrascal** (www.chozascarrascal.com). Bei der Führung über das topmoderne Weingut wandern Sie zwischen Rebstöcken und verkosten eine Auswahl der hier angebauten elf Sorten. Weiter geht es zum acht Kilometer entfernten Traditionsweingut **Vera de Estenas Bodegas y Viñedos** (www.veradeestenas.es). Eine Führung durch die Weingärten, das Museum in einem Modernisme-Bau von 1919 und die Keller endet mit einer Bobal-Verkostung. Fürs Abendessen fahren Sie nach **Utiel**, wo Sie den Tag bei einem Glas Wein im Café Salón Pérez (c/Santa María 7) ausklingen lassen.

Siehe Karte S. 116

Aussichtspunkte

Mirador del Garbí

1 Mirador del Garbí

Karte B5

Von der Felsklippe im Osten des Parque Natural de la Sierra Calderona genießt man traumhafte Aussicht über Sagunto und das Mittelmeer.

2 Mirador del Pujol

Karte B5

Der Aussichtspunkt am Beginn des Kanals Gola del Pujol, der den See La Albufera *(siehe S. 36)* mit dem Meer verbindet, bietet fantastischen Blick übers Wasser – insbesondere bei Sonnenuntergang. Tagsüber legen hier Ausflugsboote ab.

3 Torre de Santa Fe

Karte B6

Vom höchsten Punkt der Burg in Xàtiva reicht der Panoramablick über die Dächer der Stadt bis zu den Bergen in der Ferne *(siehe S. 38)*.

4 Alquería de Tomás el d'Aurrèlit

Karte B5

In La Huerta Norte ist kaum eines der im andalusischen Stil erbauten Bauernhäuser so gut erhalten wie das der Familie Lladró. Es liegt inmitten von Erdmandelfeldern und ist vom Dorf Almàssera über einen Radweg zu erreichen.

5 Fortaleza de Requena

Karte A5 ■ Cuesta del Castillo ■ +34 962 303 851 ■ Di – So 10.30 – 12, 19 – 20 Uhr ■ Eintritt

Von der Festung in Requena hat man den besten Blick über die Stadt, vor allem von der Torre del Homenaje aus dem 15. Jahrhundert, die auch ein Informationszentrum birgt.

6 Muntanyeta dels Sants

Karte B5

Das »Berglein der Heiligen« ragt wie eine Insel im ansonsten flachen Parque Natural de la Albufera auf. Zum Wohl der Ernte steht oben eine den Heiligen Abdon und Sennen – Schutzpatrone der Gärtner – geweihte Klause *(siehe S. 36)*.

7 Camino de Cova Negra

Karte B6 ■ www.xativaturismo.com/cova-negra

Der atemberaubende Weg zu der »schwarzen Höhle« bei Xàtiva, wo man Relikte von Neandertalern fand, führt entlang des Río Albaida und über eine felsige Schlucht.

8 Plaza de la Ciudadela

Karte B5

Vom größten Platz im Castillo de Sagunto *(siehe S. 118)* reicht der Blick weit über die alte Römerstadt.

9 Mirador de Rebalsadors

Karte B5

Der Mirador beim gleichnamigen Berg, einem der höchsten in der Sierra Calderona, bietet mit den bis zum Meer reichenden Kiefernwäldern eine majestätische Szenerie.

10 La Mallada del Quarter

Karte B5

Das Dünental am Nordende von La Devesa *(siehe S. 37)* ist im Winter überflutet und ein hervorragender Platz, um Vögel zu beobachten.

Restaurants & Tapas-Bars

Preiskategorien
Preis für ein Drei-Gänge-Menü pro Person mit einer halben Flasche Wein, inkl. Steuern und Service.

€ unter 35 € €€ 35–60 € €€€ über 60 €

1 Llar Roman

Karte B5 ■ Ctra. del Riu 258, Pinedo ■ +34 963 248 982 ■ abends geschl. ■ €€

Pinedo liegt gleich südlich von Valencias Hafen, es ist also nicht weit zu den großartigen Paellas dieser geschätzten *arrocería (siehe S. 64)*.

2 Pasqualet

Karte B5 ■ c/Francisco Monleón 12, El Palmar ■ +34 961 620 341 ■ Mo–Mi & abends geschl. ■ €

Spezialität des einladenden Restaurants im Zentrum von El Palmar ist *paella valenciana* mit Hühnchen, Kaninchen und Schnecken.

3 El Túnel

Karte B6 ■ c/Portal Valencia 22, Xàtiva ■ +34 962 288 237 ■ So, Mo geschl. ■ €

Wer Einlass in die Tapas-Bar wünscht, klopft an die Tür. Serviert werden ungewöhnliche Kreationen wie Pilzkroketten oder Lamm in Filoteig.

Teller mit Paella, El Sequer de Tonica

4 Barraca Toni Montoliu

Karte B5 ■ Partida de l'Ermita, Meliana ■ +34 629 689 805 ■ Mo & Di geschl. ■ €€

Nach einer großen Portion Paella in Tonis Bauernhoflokal in La Huerta kann man noch eine Kutschfahrt unternehmen.

5 Restaurante Telero

Karte C6 ■ c/San Ponç, Gandia ■ +34 962 867 318 ■ So geschl. ■ €€

Das reizende kleine Restaurant liegt ein wenig versteckt in einer Seitenstraße in Gandia. Hier schmecken Gerichte wie *fideuà (siehe S. 65)* und Ibérico-Schwein mit Feigensauce.

6 Andana Aljibe

Karte B5 ■ c/Dolores 1, Sagunto ■ +34 667 530 077 ■ Mi geschl. ■ €

Das weiß getünchte Restaurant mit den Ziegelwänden ist die beste Adresse, wenn sich nach Besichtigung des Castillo de Sagunto der Hunger meldet. Die dreigängigen Menüs sind lecker und preiswert.

7 Arrocería Maribel

Karte B5 ■ c/Francisco Monleón 5, El Palmar ■ +34 961 620 060 ■ €€

Das einladend-elegante Restaurant serviert klassische Paellas und andere Reisgerichten mit Huhn, Kaninchen und Hummer sowie weitere kreative Gerichte.

8 El Sequer de Tonica

Karte B5 ■ c/Redolins 85, El Palmar ■ +34 961 620 224 ■ Di geschl. ■ €€

Das luftige Restaurant am Ende von El Palmar serviert ein Dutzend verschiedene Paellas – da findet sicher jeder seine Lieblingsvariante.

9 Mesón la Villa

Karte A5 ■ Plaza de Albonoz, Requena ■ +34 960 302 132 ■ Mo geschl. ■ €€

Auf der Karte des Restaurants am Hauptplatz von Requena dominiert Fleisch, zu empfehlen ist z. B. die regionale Spezialität *güeña*, eine scharfe Wurst.

10 Cami·Vell

Karte B6 ■ c/Colón, Alzira ■ +34 962 412 521 ■ So geschl. ■ €€

In dem gemütlichen Lokal genießt man exzellent zubereitete traditionelle Gerichte aus regionalen Produkten.

Siehe Karte S. 116

Reise-Infos

Laden mit Korb- und Holzwaren an der Plaza del Mercado

Anreise & In Valencia unterwegs

Flugreisen

Der **Aeropuerto de Valencia** liegt acht Kilometer westlich der Stadt. Für internationale Flüge dient der Hauptterminal (T1 und T2), für innerspanische Flüge der Terminal Regional. Valencia wird von vielen deutschen Flughäfen direkt angeflogen, z. B. von München und Frankfurt am Main. Auch ab Wien und ab Zürich gibt es Direktflüge nach Valencia.

In der Ankunftshalle von Terminal 1 gibt eine Besucherinformation u. a. Auskunft zur Weiterreise. Mit der Metro gelangt man in ca. 25 Minuten ins Zentrum: Linie 3 steuert das Universitätsviertel und den Norden der Stadt an, Linie 5 fährt Richtung Marina. Der **Metrobus** (Linie 150) fährt im Halbstundentakt vor dem Hauptterminal ab, das Einzelticket kostet 1,45 Euro. Mit dem Taxi braucht man gut 20 Minuten, die Fahrt kostet ca. 25 Euro.

Schiffsreisen

Der **Puerto de Valencia** liegt fünf Kilometer östlich des Zentrums. Hier kommen die Fähren von den Balearen (Ibiza, Menora und Mallorca) an. Kreuzfahrtschiffe legen an der nahen Muelle de Poniente an, von dort fährt ein Shuttlebus zum Hauptterminal.

Busreisen

Bekannte Anbieter wie **FlixBus** verbinden eine Reihe europäischer Städte mit Valencia. Der Busbahnhof **Estación de Autobuses** liegt nördlich des Jardín del Turia bei der Metro-Station Túria (Linien 1 & 2). Die Fahrt dauert länger als mit dem Zug, ist aber preiswerter.

Zugreisen

Die staatliche Eisenbahngesellschaft **Renfe** sorgt für den Zugverkehr im Land. Fernzüge fahren Valencias **Estación de Joaquín Sorolla** einen Kilometer südlich des Stadtzentrums an. Hier verkehren auch die AVE-Hochgeschwindigkeitszüge nach Madrid, Barcelona, Sevilla und Córdoba. Am Bahnhof gibt es eine Besucherinformation. Ein Shuttlebus bringt Reisende zur Estación del Norte, von der knapp 300 Meter entfernten Metro-Station Jesús gelangt man mit den Linien 1 und 5 in die anderen Stadtteile.

Die **Estación del Norte** *(siehe S. 95)*, Valencias zentraler Hauptbahnhof, liegt südlich des Centro Histórico. Von dort fahren die Vorortzüge *(cercanías)* nach Xàtiva, Gandia und Utiel. Gleich davor liegt die Metro-Station Xàtiva, die von den Linien 3, 5 und 9 bedient wird. Die nahe Plaza del Ayuntamiento ist Knotenpunkt für viele Buslinien.

Anreise mit dem Auto

Wer über Frankreich anreist, erreicht Valencia am schnellsten über die mautpflichtige Küstenautobahn AP-7 (E15). Deutlich langsamer geht es auf der mautfreien Überlandstraße N340 (einer der längsten Straßen Spaniens) voran. Die A-3 verbindet Valencia mit Madrid. Für eventuelle Pannen muss jedes Auto mit Warnwesten und zwei Warndreiecken ausgestattet sein.

Metro, Tram & Bus

Die Metros und Trams von **Metrovalencia** fahren werktags von 4.00 bis 23.30 Uhr, am Wochenende von 5.00 bis 0.30 Uhr. Jede der sechs Metrolinien hat ihre Farbe, man muss jedoch die Richtung wissen. Vier Tramlinien ergänzen das Angebot.

Die roten Stadtbusse von **EMT** (Empresa Municipal de Transportes) fahren von 4.00 bis 22.30 Uhr, danach verkehren Nachtbusse bis 2.00 Uhr, am Wochenende bis 3.30 Uhr. **Metrobus** (Autobuses Metropolitanos de Valencia) bedient Vororte und Umland. Linie 107 fährt z. B. nach El Palmar im Parque Natural de la Albufera, Linie 115 nach Sagunto und Linie 150 nach Manises und zum Flughafen. Pläne mit dem Busliniennetz erhält man in den Besucherinformationen der Stadt.

Fahrscheine

Das Nahverkehrsnetz umfasst vier Zonen, nach denen sich der Fahrpreis richtet. Besucher bewegen sich meist innerhalb von Zone A, der Flughafen liegt in Zone B. Ein Einzelticket für Metro, Tram oder Bus kostet je nach Zone zwischen 1,50 und 4,80 Euro, die Tickets müssen zu Beginn jeder Fahrt abgestempelt werden.

Deutlich preiswerter ist das Ticket SUMA 10 für zehn Fahrten (8 Euro für Zone A, 12 Euro für AB, 20 Euro für ABC). Für den Kauf ist eine Tarjeta SUMA (Karte) erforderlich, die man für 1 Euro erhält und beliebig wieder aufladen kann.

Mit einem Erwachsenen dürfen zwei Kinder unter zehn Jahren kostenlos mitfahren, Kinder unter sechs Jahren fahren generell gratis mit.

Besitzer der **Valencia Tourist Card**, die neben dem Eintritt in zahlreiche Museen und Sehenswürdigkeiten noch weitere Ermäßigungen umfasst, können die öffentlichen Nahverkehrsmittel ohne Einschränkung nutzen *(siehe S. 71)*. Man erhält die Karte in den Informationsbüros der Stadt *(siehe S. 129)* und online.

Taxis

Die weißen Wagen warten an vielen Taxiständen auf Passagiere, man kann sie aber auch heranwinken – grünes Licht heißt frei – sowie telefonisch, online oder per App bestellen. Bekannte Unternehmen sind **Tele Taxi Valencia** und **Radio Taxi Valencia**. Der Grundtarif beträgt 1,75 Euro (abends und am Wochenende 2,30 Euro), der Kilometerpreis liegt bei 1,18 Euro (1,28 Euro abends und am Wochenende).

Autofahren

Ein Auto braucht man hier nur für abgelegene Ziele. Bekannte Mietwagenfirmen haben Filialen am Flughafen und in der Estación de Joaquín Sorolla – Sie müssen über 21 sein und Führerschein und Kreditkarte vorlegen. Das Einhalten der Verkehrsregeln *(siehe S. 128)* wird streng überwacht. Wer in Straßen mit blauer Markierung parkt, muss ein Ticket am Automaten lösen und sichtbar im Wagen platzieren, besser nutzt man jedoch eine der öffentlichen Parkgaragen.

Radfahren

Valencias wachsendes Radwegenetz schließt auch La Huerta und den Parque Natural de la Albufera ein – Pläne erhält man in den Informationsbüros. Vermehrt gibt es auch *ciclocalles*, in denen Radfahrer Vorfahrt haben. Bei einigen Leihradanbietern, z. B. **Valencia Bikes**, kann man Räder in einer Wunschfiliale abgeben. Valencias Bikesharing-System **Valenbisi** stellt an 276 Stationen Räder und die dafür nötigen Kartenterminals bereit.

Zu Fuß gehen

Die kompakte Altstadt ist angenehm eben und lädt dazu ein, Erkundungsspaziergänge zu machen, zumal praktisch alle Sehenswürdigkeit bequem zu Fuß zu erreichen sind.

Flugreisen

Aeropuerto de Valencia (VLC)
T +34 913 211 000
W aena.es

Schiffsreisen

Puerto de Valencia
T +34 963 939 500
W valenciaport.com

Busreisen

FlixBus
W flixbus.de

Estación de Autobuses
Av. de Menéndez Pidal 11
T +34 963 466 266

Zugreisen

Renfe
W renfe.com

Estación de Joaquín Sorolla
c/San Vicente Màrtir 171

Estación del Norte
c/Xàtiva 24
W adif.es

Öffentlicher Nahverkehr

Metrovalencia
T +34 900 461 046
W metrovalencia.es

EMT
T +34 963 158 515
W emtvalencia.es

Metrobus
W miivomobility.com

Valencia Tourist Card
W valenciatouristcard.com

Taxi

Tele Taxi Valencia
W teletaxivalencia.com

Radio Taxi Valencia
W radiotaxivalencia.es

Radfahren

Valencia Bikes
T +34 650 621 436
W valenciabikes.com

Valenbisi
T +34 900 900 722
W valenbisi.es

Praktische Hinweise

Einreise

Da Spanien EU-Mitglied ist, benötigen Reisende aus Deutschland, Österreich und der Schweiz für die Einreise lediglich einen gültigen Personalausweis oder Reisepass. Auch für Kinder jeden Alters ist ein eigenes Reisedokument mit Foto nötig.

Zoll

Bei EU-Bürgern sind Waren für den persönlichen Gebrauch zollfrei. Für Tabak und Alkohol gelten die EU-Höchstgrenzen: 800 Zigaretten, 400 Zigarillos, 200 Zigarren oder ein Kilogramm Tabak; zehn Liter Spirituosen, 90 Liter Wein oder 110 Liter Bier.

Reise- & Sicherheitshinweise

Aufgrund unvorhersehbarer Entwicklungen kann es zu Änderungen und Einschränkungen kommen. Aktuelle Hinweise zur Einreise und Sicherheitshinweise finden Sie beim deutschen Auswärtigen Amt, beim österreichischen Bundesministerium für europäische und internationale Angelegenheiten oder beim Eidgenössischen Departement für auswärtige Angelegenheiten der Schweiz.

Versicherung

Gesetzlich versicherte Bürger der EU und der Schweiz haben mit der Europäischen Krankenversicherungskarte (EHIC) ihrer Krankenkasse auch in Spanien Anrecht auf kostenlose medizinische Versorgung. Die Versicherung deckt Notfallbehandlungen und Folgerezepte ab, nicht aber Krankenrücktransporte und Zahnbehandlungen, weshalb eine zusätzliche Reiseversicherung – auch für den Fall von Diebstählen und anderen Verlusten – eine Überlegung wert ist.

Gesundheit

Für Spanien sind keine besonderen Impfungen erforderlich, der Standardschutz reicht aus. Bei kleinen gesundheitlichen Beschwerden gehen Sie in eine *farmacía* (Apotheke). Falls geschlossen ist, finden Sie an der Tür einen Hinweis auf die nächste Notdienstapotheke. Die **Farmacia 24 h Plaza de España** ist rund um die Uhr geöffnet.

In ernsteren Fällen weiß man in Apotheken und Hotels, wo sich der nächste Arzt findet. Das spanische Gesundheitssystem bietet sehr gute Ärzte und Krankenhäuser. Eine zentrumsnahe große Klinik ist das **Hospital Clínico Universitario de Valencia**.

Sicherheit & Notfälle

Valencia ist eine sichere Stadt mit wenig Kriminalität, dennoch gelten die üblichen Vorsichtsmaßnahmen: Gehen Sie nachts nicht durch verlassene Straßen, insbesondere im Barrio del Carmen und in El Cabanyal und lassen Sie Wertsachen und Dokumente im Hotelsafe. Führen Sie wenig Bargeld mit sich, halten Sie Ihre Brieftasche bedeckt und hängen Sie Ihre Tasche im Café nicht an die Stuhllehne. Taschendiebe sind vor allem im Getümmel tätig, oft arbeiten sie zu zweit – einer lenkt Sie ab, während der andere zugreift.

Die Valencianer sind in der Regel sehr höflich. Auch allein reisende Frauen erfahren selten unerwünschte Aufmerksamkeit, da in ganz Spanien sexistisches Verhalten zunehmend angeprangert wird.

Die europäische **Notrufnummer 112** gilt natürlich auch in Spanien, doch Sie erreichen die **Ambulanz**, die **Feuerwehr** *(bomberos)* und die **Policía Local** (Ortspolizei) ebenfalls unter eigenen Notrufnummern. Bei Verkehrsdelikten ist die **Guardia Civil** zuständig, während Sie die Policía Nacional (091) nur im Fall schwerer Verbrechen benötigen. Alle Notrufe sind kostenlos.

Um eine Straftat anzuzeigen, suchen Sie die nächste Polizeistation *(comissaria)* auf. Sie benötigen später womöglich eine Kopie der polizeilichen Deliktaufnahme für Ihre Versicherung.

Falls Ausweispapiere abhandenkommen, wenden Sie sich ans **Konsulat** bzw. die Botschaft Ihres Heimatlandes. Bei **Kreditkartenverlust** lassen Sie alle Karten umgehend sperren, informieren Sie zudem Ihre Bank.

Reisende mit besonderen Bedürfnissen

Fast alle modernen Restaurants, Hotels, Läden und Museen sind auch mit Rollstuhl zugänglich, viele ältere Gebäude jedoch nicht. Wer spezielle Bedürfnisse hat, sollte sich in jedem Fall vorher über die Gegebenheiten informieren. Die Metrolinien 3 und 5, die zwischen Stadtzentrum und Flughafen fahren, sind rollstuhlgerecht ausgebaut. Die meisten Stadtbusse haben Rampen und es gibt auch spezielle Rollstuhltaxis.

Visit Valencia, das offizielle Besucherportal der Stadt *(siehe S. 129)*, gibt nützliche Tipps und Hinweise – leider nicht auf Deutsch – für Reisende mit eingeschränkter Mobilität oder besonderen sensorischen Bedürfnissen. Dies umfasst eine Liste mit geeigneten Hotels und Restaurants sowie Informationen über entsprechende Einrichtungen an den Sehenswürdigkeiten der Stadt.

Spaniens **COCEMFE** (Confederación Española de Personas con Discapacidad Física y Orgánica) und **Accessible Spain Travel** bieten Informationen und maßgeschneiderte Reisevorschläge.

Geld & Kreditkarten

In Spanien gilt der Euro. Der einfachste Weg, an Bargeld zu gelangen, ist auch in Valencia der Gang zum Automaten *(cajeros automáticos)*, wo Sie mit Debit- oder Kreditkarte und PIN rund um die Uhr Geld abheben können – sie sind überall zu finden, die Bedienungsanleitung ist in der Regel mehrsprachig. Bei Banken, die nicht zum Verbund Ihrer Heimatbank gehören, fallen zusätzliche Gebühren an. Noch höher sind diese bei »unabhängigen« Automaten. Beim Abheben mit Kreditkarte ist meist eine sogenannte Transaktionsgebühr fällig.

Zum Wechseln fremder Währungen geht man am besten in eine Bank (evtl. ist ein Ausweis nötig). Banken sind in der Regel montags bis freitags von 8.30 bis 14.30 Uhr geöffnet, einige wenige Filialen auch samstagvormittags. Wechselstuben *(casas de cambio)* haben länger auf, bieten aber schlechtere Kurse.

In den meisten Restaurants, Läden und Sehenswürdigkeiten akzeptiert man gängige Kreditkarten wie MasterCard und Visa, wegen der höheren Gebühren wird American Express nicht überall angenommen. In manchen kleinen Läden und Lokalen kann man generell nur bar zahlen.

Reise- & Sicherheitshinweise
W auswaertiges-amt.de
W bmeia.gv.at
W eda.admin.ch

Gesundheit

Farmacia 24 h Plaza de España
Karte K6 ■ c/San Vicente Màrtir 107
T +34 963 411 729

Hospital Clínico Universitario de Valencia
Karte E3 ■ Av. de Blasco Ibáñez 17
T +34 961 973 500

Notfälle

Allgemeiner Notruf
T 112

Ambulanz
T 061

Feuerwehr
T 080

Policía Local
T 092

Guardia Civil
T 062

Deutsches Honorarkonsulat
Karte L4 ■ Av. del Marqués de Sotelo 4, 46002 Valencia
T +34 963 106 253
W spanien.diplo.de

Österreichisches Honorarkonsulat
Karte L4 ■ c/Convento Santa Clara 10, 46002 Valencia
T +34 963 522 212
W bmeia.gv.at

Schweizerisches Konsulat
Karte E4 ■ c/Amadeo de Saboya 16, 46010 Valencia
T +34 963 625 900
W eda.admin.ch

Kreditkartenverlust
T +49 116 116
W 116116.eu

Reisende mit besonderen Bedürfnissen

Accessible Spain
W accessiblespaintravel.com

COCEMFE
W cocemfe.es

Visit Valencia
W visitvalencia.com/en/valencia-accesible

Telefon & Internet

Die internationale Vorwahl für Spanien ist +34, die (Festnetz-)Nummern in Valencia beginnen mit 960 bis 963.

Alle gängigen europäischen Handys funktionieren auch in Spanien. Für EU-Bürger entstehen hierbei keine Roamingkosten.

Die meisten Hotels, Restaurants und Cafés bieten Gästen Gratis-WLAN. Zudem gibt es in der ganzen Stadt zahlreiche kostenlose Hotspots.

Post

Postämter *(oficinas de correos)* erkennt man am gelben **Correos**-Schild, in der Stadt haben sie montags bis freitags von 9.30 bis 20.30 Uhr geöffnet, samstags bis 13 Uhr, in den Vororten mitunter kürzer. Valencias Hauptpostamt im schönen Palacio de las Comunicaciones *(siehe S. 87)* bietet Serviceleistungen wie Expressversand. Spanische Briefkästen sind gelb.

TV & Zeitungen

Die meisten großen Hotels bieten ihren Gästen Satelliten- und Kabel-TV. In vielen Bars läuft immer ein Fernseher mit einem der vielen spanischen TV-Kanäle.

Die beliebtesten spanischen Tageszeitungen sind *El País*, *El Mundo* und *ABC*. An großen Zeitungsständen erhält man auch internationale Blätter. Das Onlinemagazin *Valencia International* bringt News aus der Region in englischer Sprache.

Öffnungszeiten

Es gibt sie noch, die spanische *siesta* – die meisten Läden sind montags bis samstags von 10 bis 14 und von 17 bis 20 Uhr geöffnet, im Zentrum oft auch sonntags. Große Geschäfte und Kaufhäuser haben durchgehend und oft bis 21 Uhr geöffnet. Die Öffnungszeiten der Museen variieren, viele haben montags zu. Manche Unternehmen gönnen sich im August Urlaub.

An folgenden Feiertagen sind Läden und Büros geschlossen: Neujahr (1. Jan), Dreikönigstag (6. Jan), San Vicente Mártir (22. Jan), Josefstag (19. März), Karfreitag, Ostermontag, San Vicente Ferrer (5. Apr), Tag der Arbeit (1. Mai), Johannistag (24. Juni), Mariä Himmelfahrt (15. Aug), Tag der Region Valencia (9. Okt), Nationalfeiertag (12. Okt), Allerheiligen (1. Nov), Tag der Verfassung (6. Dez), Mariä Empfängnis (8. Dez) und Weihnachtstag (25. Dez).

Zeitzone

Ganz Spanien liegt – wie Deutschland, Österreich und die Schweiz – in der Mitteleuropäischen Zeitzone (MEZ). Auch hier gilt von Ende März bis Ende Oktober die Sommerzeit.

Wetter

Valencia erfreut sich eines gemäßigten Mittelmeerklimas mit mehr als 300 Sonnentagen im Jahr. Die beste Reisezeit ist das Frühjahr, wenn Tag und Nacht angenehme Temperaturen herrschen. Im heißen Sommer sorgen Meeresbrisen für Erfrischung, allerdings ist es in der Stadt bisweilen sehr schwül. Der Herbst kann regnerisch sein, die Winter sind mild.

Strom

Die Spannung im spanischen Stromnetz beträgt 230 Volt bei 50 Hz. Flache Stecker mit zwei Pins passen immer.

Verkehrsregeln

Um in Spanien Auto zu fahren, benötigen Europäer lediglich ihren nationalen Führerschein. Das Tempolimit beträgt im ganzen Land innerorts 50, auf Landstraßen 90, auf Schnellstraßen 100 und auf Autobahnen 120 km/h. Es gilt Gurtpflicht für alle, Kinder unter zwölf Jahren (oder 135 cm) benötigen einen Kindersitz. Die Promillegrenze liegt bei 0,5. Das Einhalten der Regeln wird streng überwacht, jede Missachtung konsequent geahndet, vor allem bei Alkohol am Steuer versteht man hier keinen Spaß.

Sprachen

In Valencia ist sowohl Spanisch *(castellano)* als auch das eng mit dem Katalanischen verwandte Valencianisch Amtssprache. Die Stadtverwaltung fördert Valencianisch, dennoch werden in der Stadt beide Sprachen verwendet: Die meisten Straßen sind mit ihrem valencianischen und dem spanischen Namen ausgeschildert, auch Hinweisschilder sind immer zweisprachig. Bei Hotels,

Restaurants, Bars und Sehenswürdigkeiten ist es für Besucher mitunter verwirrend: Manche verwenden die spanische Form der Adresse, andere die valencianische und einige machen es mal so, mal so. Ein Großteil der Valencianer spricht lieber Valencianisch, aber jeder versteht und spricht auch Spanisch. In Hotels und manchen Restaurants kommt man auch mit Englisch zurecht. Zugunsten der Einheitlichkeit wird in diesem Buch kastilisches Spanisch verwendet, nur Sehenswürdigkeiten, die hauptsächlich unter dem valencianischen Namen bekannt sind, erscheinen auch hier unter diesem.

Information

VLC Valencia kümmert sich um die Besucher der Stadt. Das zentrale Informationsbüro liegt gleich beim Rathaus, es bietet Broschüren und Stadtpläne, hilft beim Buchen von Hotels, Touren und Veranstaltungen und steht mit Rat und Tat zur Seite. Auch die Valencia Tourist Card *(siehe S. 71)* ist dort zu haben. Weitere Büros finden sich in der Calle de la Paz, am Flughafen, am Bahnhof Joaquín Sorolla und (im Sommer) an der Playa de las Arenas. Das Onlineportal **Visit Valencia** bietet ebenfalls alle wichtigen Informationen zum Aufenthalt in der Stadt – auch auf Deutsch.

Touren

Die Stadt betreibt den (grünen) **Tourist Bus** mit Hop-on/Hop-off-Prinzip, er bedient zwei Routen: Historisches Valencia und Maritimes Valencia. Das Tagesticket kostet 22, das für zwei Tage 24 Euro. Ein ähnliches Angebot und weitere Touren hat **Valencia Bus Turístic** im Programm. VLC Valencia veranstaltet Wander- und Radtouren in La Huerta und La Albufera. **Valencia Bikes** *(siehe S. 125)* organisiert Touren im Jardín del Turia *(siehe S. 22f)*.

Mehrwertsteuer

Die Mehrwertsteuer *(IVA)* von derzeit 21 Prozent für die meisten Waren können sich Nicht-EU-Bürger für Einkäufe über 50,01 Euro rückerstatten lassen.

Essen & Trinken

Die valencianische Küche profitiert von der Lage der Stadt am Mittelmeer und bei La Huerta – das zeigen die hiesigen Spezialitäten *(siehe S. 65)*. Hier isst man zwischen 13.30 und 15.30 Uhr zu Mittag, Abendessen gibt es zwischen 20.30 und 23 Uhr. In Tapas-Bars kann man meist schon ab 18.30 Uhr essen, außerdem bieten die Märkte der Stadt gute Verpflegungsoptionen.

Unterkunft

Zur Wahl stehen Hotels und *paradores* mit ein bis fünf Sternen, *hostals* (schlichte Gästehäuser) und Frühstückspensionen, Ferienwohnungen, Jugendherbergen und Studentenwohnheime, die im Sommer preiswerte Unterkunft bieten.

Das Fremdenverkehrsbüro bietet eine Datenbank mit Unterkünften jeder Kategorie. Zimmer können über Visit Valencia, über die bekannten Buchungsportale oder über die Websites der Hotels gebucht werden.

Nachhaltiger Tourismus

Valencia wurde zur Grünen Hauptstadt Europas für 2024 ernannt und setzt sich für eine nachhaltige Stadtentwicklung und den Tourismus ein. Die Stadt hat sich außerdem verpflichtet, bis 2030 klimaneutral zu werden. Es gibt einfache Möglichkeiten, wie Besucher zur Erreichung dieser Ziele beitragen können: Reduzieren Sie die Emissionen, indem Sie durch die Stadt mit dem Fahrrad fahren oder zu Fuß gehen. Bevorzugen Sie regionale und nachhaltig produzierte Lebensmittel und benutzen Sie wiederverwendbare Trinkflaschen und Taschen, wenn Sie unterwegs sind.

Post

correos.es

Information

VLC Valencia Tourist Info Ayuntamiento

Karte L4 ■ Plaza del Ayuntamiento ■ Mo – Fr 9 – 18, Sa 9 – 17.30, So 10 – 14 Uhr

visitvalencia.com

Stadtrundfahrten

Tourist Bus

visitvalencia.com

Valencia Bus Turístic

valenciabusturistic.com

Hotels

Preiskategorien
Preis für ein Doppelzimmer pro Nacht mit Frühstück (falls inklusive), Steuern und Service.

€ unter 125 € | €€ 125 – 250 € | €€€ über 250 €

Historische Häuser

Petit Palace Plaza de la Reina

Karte M3 ▪ c/Abadia de Sant Martí 3 ▪ +34 963 945 100 ▪ www.petitpalace.com ▪ €€

Das Hotel in einem Stadthaus aus den 1930er Jahren nahe dem geschäftigen Hauptplatz, Teil einer spanischen Kette, bietet helle Zimmer für bis zu fünf Personen. Wer über die Website bucht, frühstückt gratis.

Hospes Palau de la Mar

Karte P4 ▪ Av. de Navarro Reverter 14 ▪ +34 963 162 884 ▪ www.hospes.com/palau-mar ▪ €€€

In einem Stadthaus aus dem 19. Jahrhundert im noblen L'Eixample blicken die geräumigen, minimalistisch gestalteten Gästezimmer zum Blumengarten oder zum Jardín del Turia. Das hauseigene Spa Bodyna gilt als das beste in Valencia.

Hotel Caro

Karte M2 ▪ c/Almirante 14 ▪ +34 963 059 000 ▪ www.carohotel.com ▪ €€€

Das elegante Hotel im einstigen Palais des Marqués de Caro punktet mit exzellenter Lage im Centro Histórico gleich bei der Kathedrale. Die teils in die alte Stadtmauer integrierten Zimmer zeigen sich modern in Design und Ausstattung.

The Westin Valencia

Karte E4 ▪ c/Amadeo de Saboya 16 ▪ +34 963 625 900 ▪ www.marriott.com ▪ €€€

Das Grandhotel in einem Modernisme-Gebäude am Jardín del Turia verfügt über geräumige Art-déco-Zimmer, drei Restaurants (zwei davon mit Terrasse), eine Cocktailbar, ein gutes Spa und einen ruhigen Garten.

Boutiquehotels

One Shot Mercat 09

Karte L3 ▪ c/Músico Peydró 9 ▪ +34 963 110 011 ▪ www.hoteloneshotmercat09.com ▪ €€

Die Designer hatten beim Einrichten dieses Hotels beim Mercado Central gewiss viel Spaß. In der Lobby und im Restaurant wurde avantgardistische Kunst platziert, in den Zimmern moderne und klassische Elemente wie blanke Ziegel, Schmiedeeisen und Pseudo-Fresken kombiniert.

Marqués House

Karte M3 ▪ c/Abadia de Sant Martí 10 ▪ +34 960 660 506 ▪ www.marqueshouse.com ▪ €€€

In dem weiß getünchten Haus mit den eleganten modernen Zimmern lohnt sich die Extraausgabe für die Superior-Zimmer, in denen eine Sitzecke und ein Balkon mit Blick auf die gepflasterten Straßen warten. Die Hotelbar, das Café Madrid *(siehe S. 91)*, gilt als Wiege von Valencias Spezialcocktail *Agua de Valencia*.

SH Inglés Valencia

Karte M3 ▪ c/Marqués de Dos Aguas, 6 ▪ +34 963 516 426 ▪ www.inglesboutique.com ▪ €€

Die hellen, sonnigen Zimmer des Hotels erreicht man über eine recht eindrucksvolle Lobby, deren Wände Architekturzeichnungen zieren. Sowohl die renovierten Superior-Zimmer als auch die Restaurantterrasse bieten Blick auf die grandiose Barockfassade des Museo Nacional de Cerámica.

Vincci Lys

Karte M4 ▪ c/Martínez Cubells 5 ▪ +34 963 509 550 ▪ www.vinccilys.com ▪ €€€

Das schicke Hotel mit den eleganten Zimmern steht in einer Seitenstraße im südlichen Centro Histórico. Die Plaza del Ayuntamiento liegt nur einen Katzensprung entfernt und auch zum Bahnhof ist es gar nicht weit.

Vincci Mercat

Karte L3 ▪ c/Linterna 31 ▪ +34 961 014 260 ▪ www.vinccimercat.com ▪ €€€

Die 68 modernen Doppelzimmer dieses Konzepthotels nahe dem Mercado Central sind geschmackvoll in Weiß und Erdtönen gestaltet. Einige Zimmer haben Verbindungstüren und auch Extrabetten sind erhältlich, was Familien freut. Ein besonderes Plus ist der Dachpool – in derart zentraler Lage eine echte Rarität.

Designhotels

MD Design Hotel Portal del Real

Karte M2 ■ c/Boix 3 ■ +34 960 619 053 ■ www.hotelesmd.com ■ €
Das urbane Haus im Viertel La Seu zeigt skandinavisch minimalistischen Stil mit viel Buchenholz. Von der Terrasse genießt man schönen Blick auf den Jardín del Turia.

Dimar Hotel

Karte P5 ■ Gran Vía del Marqués del Túria 80 ■ +34 963 951 030 ■ www.hotel-dimar.com ■ €€
Bunte Grafiken und Drucke von Valencias Wahrzeichen schmücken die Zimmer des modernen Hotels in Canovas, im noblen Viertel L'Eixample, wo es viele elegante Restaurants und Läden gibt.

Besondere Hotels

Casual Vintage

Karte L4 ■ c/Barcelonina 1 ■ +34 963 212 421 ■ www.casualhoteles.com ■ €
Wie der Name verspricht, dominiert in dem Hotel nahe der Plaza del Ayuntamiento, einem von fünf Casual-Häusern in Valencia, Retro-Dekor: Vespas, alte Karten, Audrey Hepburn und Star Wars.

Malcolm and Barret

Karte E6 ■ Av. de Ausiàs March 59 ■ +34 963 356 310 ■ www.hotelmalcomandbarret.com ■ €€
Das Hotel liegt im Vorort Quatre Carreres und damit nicht in nächster Nähe der Sehenswürdigkeiten, dafür wohnt man hier preiswerter als im Zentrum. Im Zimmerpreis ist die Fahrradmiete für einen Tag enthalten.

NH Collection Valencia Colón

Karte M4 ■ c/Colón 32 ■ +34 963 528 900 ■ www.nh-collection.com ■ €€€
Science-Fiction-Lobby und indisch inspirierte Zimmer – für das extravagante Interieur des Hotels in einem Gebäude aus dem 19. Jahrhundert sorgte der spanische Designer Lorenzo Castillo. Zum Mercado de Colón mit seinen Restaurants ist es nicht weit.

Hotels am Meer

Hotel Balandret

Karte H5 ■ Paseo de Neptuno 20 ■ +34 963 811 141 ■ www.balandret.com ■ €€
Die Lage des eleganten Hotels an der Promenade der Playa de las Arenas ist wirklich toll. Die Zimmer sind den Preis mehr als wert, die Gemeinschaftsräume zieren originelle Wandbilder aus Keramikfliesen und *botijos* (Tonkrüge).

Neptuno

Karte H5 ■ Paseo de Neptuno 2 ■ +34 963 567 777 ■ www.hotelneptunovalencia.com ■ €€
Das freundliche Haus hinter der Playa de las Arenas und unweit der Marina zeigt sich mediterran – mit Zimmern in Blautönen und interessanter Kunst in den Gemeinschaftsräumen.

Las Arenas Balneario Resort

Karte H4 ■ c/Eugenia Viñes 22–24 ■ +34 963 120 600 ■ www.hotelvalencialasarenas.com ■ €€€
In dem großen Resort am Meer, das 1898 als Spa eröffnete, kann man sich auch heute noch mit Blick auf die Playa de las Arenas verwöhnen lassen. Am nahen Paseo de Neptuno locken viele Paella-Restaurants.

Ferienwohnungen

Barracart

Karte G4 ■ c/Barraca 79 ■ +34 667 856 801 ■ www.barracart.com ■ €
In einem alten Bürgerhaus im Fischerviertel El Cabanyal warten sieben helle Ferienwohnungen, hübsch mit weißen Wänden und blanken Ziegeln gestaltet, auf Gäste. Die Superior-Apartments mit Balkon sind schon toll, die Duplex-Wohnungen mit Terrasse noch besser.

Soho Valencia

Karte L6 ■ Gran Vía de las Germanías 32 ■ +34 963 663 322 ■ www.sohovalencia.com ■ €
Die schicken, aber etwas kargen Apartments liegen in einem stattlichen Gebäude mitten im trendigen Szeneviertel Ruzafa, das gern als Valencias Soho bezeichnet wird.

La Casa del Puerto

Karte G5 ■ c/Padre Lluís Navarro 3 ■ +34 963 811 000 ■ www.apartamentoslamasbonita.es ■ €€
In diesem Komplex in El Cabanyal reihen sich um einen Innenhof vier lässig gestaltete Ferienwohnungen. Der Strand ist nicht weit weg und direkt vor dem Haus fährt die Tram Richtung Centro Histórico. Ihr Händchen für selbstverständlich wirkenden Style beweisen die Betreiber der Anlage auch in ihrem Strandcafé La Más Bonita Patacona *(siehe S. 112)*.

Textregister

Bildnachweis & Impressum

Autor

Keith Drew hat bereits mehr als ein Dutzend Reiseführer verfasst oder aktualisiert. Inzwischen betreibt er auch eine Website (www.lijoma.com), auf der er inspirierende Routen für Familienreisen zu unterschiedlichen Zielen wie Costa Rica, Istanbul, Japan – und auch Valencia – präsentiert.

DK London

Mitwirkende Mary-Ann Gallagher

Lektorat
Georgina Dee, Shikha Kulkarni, Beverly Smart, Hollie Teague, Dipika Dasgupta, Alison McGill, Anuroop Sanwalia, Lucy Sara-Kelly, Ilina Choudhary, Simona Velikova

Gestaltung und Bildredaktion
Maxine Pedliham, Priyanka Thakur, Sarah Snelling, Vinita Venugopal, Bandana Paul, Tanveer Zaidi, Rohit Rojal, Taiyaba Khatoon, Vagisha Pushpt

Umschlaggestaltung
Jordan Lambley

Kartografie
Suresh Kumar, Mohammed Hassan

Herstellung
Jason Little, Samantha Cross

DK bedankt sich bei den folgenden Personen für ihren Beitrag zu den vorherigen Auflagen: Hilary Bird, Keith Drew, Debra Wolter

Bildnachweis

o = oben, u = unten, m = Mitte, l = links, r = rechts

DK dankt folgenden Personen, Unternehmen und Bildarchiven für die freundliche Erlaubnis, Fotos zu reproduzieren:

123RF.com Olena Kachmar 81u.

Alamy Stock Photo AA World Travel Library 38ml, Action Plus Sports Images 54ml, age fotostock 72 mru / Gonzalo Azumendi 11mru, 26ul, 52ol, 66u, 110ul, 117u, age fotostock/Historical Views 116ol, age fotostock/Nacho Moro 37mr, age fotostock/Pietro Scozzari 98ol, Jerónimo Alba 39ol, Art Collection 4 11ol, 33ul, Gonzalo Azumendi 10mru, 61u, 63ul, 72ol, 91mr, 104o, 109ur, Suzy Bennett 18mlu, Bruce Yuanyue Bi 48um, 94mlo, Philip Bird 16ul, Michael Brooks 20ml, Joaquin Corbalan Pastor 69ml, Cavan Images/Aurora Photos/Katja Heinemann 29ol; Ian Dagnall 103ur, Oscar Dominguez 70ur, Josie Elias 68ur, 118um, Ana Escobar 60m, Robert Evans 96ol, Peter van Evert 10mr, 17ul, 44om, Faraway Photos 6mlo, 10mlo, 12/13m, 50mlu, 61ol, 89ml, Foto Espana 86mlo, Kevin Foy 34ur, 51or, Eddie Gerald 35mru, Vlad Ghiea 11mr, Hemis.fr/Gardel Bertrand 28ol, Hemis.fr/Giuglio Gil 84ol, Hemis.fr/Hughes Hervé 22mlu, Heritage Image Partnership Ltd/Index 49or, Peter Horree 4mlu, Ian Dagnall Computing 33mro, imageBROKER 39mr, imageBROKER/Barbara Boensch 88u, 105ml, 114/115, imageBROKER/Karl F. Schofmann 49ml, 79ml, 106ol, imageBROKER/Marco Simoni 4ml, Jon Bower – art and museums 27mru, Eddie Linssen 4mlo, 10ul, Stefano Politi Markovina 18/19m, 26/27m, 51u, 62ol, 87or, 112ol, Patti McConville 59ur, Juan Carlos Munoz 36/37m, 104ul, Jesús Nadal 54ur, Peter Noyce ESP 4mr, 26mru, Cum Okolo 7mro, 37ol, 47or, 55ol, 71mlu, 99ur, 106ur, Mehul Patel 12ul, 15mr, Miguel A. Muñoz Pellicer 14ul, Phil Crean A. 100ml, The Picture Art Collection 30mr, PvE 30um, 31or, 32or, Simon Reddy 64mu, Eduardo Ripoll 34mlo, 70ol, Robertharding/Neil Farrin 44u, Travelstock44.de/Juergen Held 19ol, 63mr, Lucas Vallecillos 3ol, 3or, 4o, 4u, 7ur, 46o, 48o, 74f, 110/111om, 113mru, 122/123, Jan Wlodarczyk 24/25, World History Archive 42mr, 42ul, 43ol, Zoonar/Marco Bonacini 10mlu.

Almalibre Açaí Bar 84mu.

AWL Images Cahir Davitt 38/39u, Giuglio Gil 67mr, Stefano Politi Markovina 21ol, 46ur, Ken Scicluna 2or, 40/41.

Bombas Gens Centre d'Art 58ol.

Café ArtySana 67ol.

Catedral de Valencia 15ol, 17or.

Colla Monlleo 90mo.

Depositphotos Inc Elephotos 11ul.

Dreamstime.com Anasife 73or, Leonid Andronov 29u, Efesan 65or, Elenaphotos 109o, Giuseppemasci 14/15m, Rostislav Glinsky 23mr, Lunamarina 92/93, Madrugadaverde 52u, Meinzahn 21ur, Juan Moyano 13ol, 69or Pabkov 20mru, RadubE5 71or, 77ol, Salvacubells 120ol, Stockcreations 121m.

Getty Images AWL Images/Mark Sykes 28mr, Corbis Historical/Photo Josse/Leemage 30mlu, Europa Press News 101mru; Josep Iglesias – fotografia 118/119om, Lonely Planet Images 108ol, Lonely Planet Images/Krzysztof Dydynski 64ol, 76mlo, Lonely Planet Images/Greg Elms 102ol, Moment/Domingo Leiva 96/97u, Moment/Image by Sherry Galey 19ur, Moment/MAIKA 777 56/57, Stringer/Jose Jordan 43ur;Quality Sport Images 55ur.

Getty Images/iStock aluxum 53ol, chrisdorney 45ol, fotoVoyager 47ml, Jorgefontestad 35ol, 37u, Sergdid 2ol, 8/9, Siempreverde22 22um, Sloot 78o, 95mr, to_csa 68o.

Institut Valencià d'Art Modern (IVAM) 13mr.

Kuzina 85ur.

La Petite Planèthé 90ul.

La Postalera 82mlu.

Mercado de Tapineria 80ol.

Nozomi Sushi Bar 65ml.

Radio City 83mr.

Robert Harding Picture Library Hugh Rooney 11mu.

Shutterstock Alexey Fedorenko 1, Riccardo Cirillo 22–23m, trabantos 20ul, 77ur.

Tavella Restaurant 107mr.

Trinquet de Pelayo 58u.

Ubik Café 4mru.

Unsplash Zebbache Djoubair/@djoubair 1.

Umschlag

Vorderseite & Buchrücken:
Dreamstime.com Razvan Ionut Dragomirescu.
Rückseite: Alamy Stock Photo Ian Dagnall l, Giuseppe Masci ol, Ivan Nesterov or; Getty Images/iStock aluxum ur.

Extrakarte

Dreamstime.com Razvan Ionut Dragomirescu.

Alle anderen Bilder
© Dorling Kindersley.

DK | Penguin Random House

Titel der englischen Originalausgabe
DK Eyewitness TOP10 Valencia

Aktualisierte Neuauflage 2025/2026

Projektbetreuung Stefanie Franz
Herstellungskoordination Antonia Wiesmeier

Covergestaltung Roman Bold & Black, Köln
Übersetzung Barbara Rusch, München
Redaktion Matthias Liesendahl, Berlin
Schlussredaktion Philip Anton, Köln

Satz & Produktion DK Verlag
Druck Leo Paper Products, China

FSC www.fsc.org MIX Papier | Fördert gute Waldnutzung FSC® C018179

ISBN 978-3-7342-0857-7
5902-339884-24053-01

3 4 5 27 26 25 24

www.dk-verlag.de

Sprachführer Kastilisch

Aussprache

c wird vor dunklen Vokalen (a, o, u) wie k ausgesprochen
c wird vor hellen Vokalen (e, i) wie das englische th ausgesprochen
z wird meist wie das englische th ausgesprochen
ch wird wie tsch ausgesprochen
h wird insbesondere am Wortanfang verschluckt, also überhaupt nicht ausgesprochen
j wird wie ch in Bach oder Buch ausgesprochen
ll und **y** werden wie j ausgesprochen
v wird wie ein weiches B ausgesprochen.

Im Notfall

Hilfe!	**¡Socorro!**
Halt!	**¡Pare!**
Rufen Sie einen Arzt!	**¡Llame a un médico!**
Rufen Sie einen Krankenwagen!	**¡Llame a una ambulancia!**
Rufen Sie die Polizei!	**¡Llame a la policía!**
Rufen Sie die Feuerwehr!	**¡Llame a los bomberos!**
Wo ist das nächste Telefon?	**¿Dónde está el teléfono más próximo?**
Wo ist das nächste Krankenhaus?	**¿Dónde está el hospital más próximo?**

Grundwortschatz

Ja	**Sí**
Nein	**No**
Bitte	**Por favor**
Danke	**Gracias**
Entschuldigung	**Perdone**
Hallo/Guten Tag	**Hola**
Auf Wiedersehen	**Adiós**
Gute Nacht	**Buenas noches**
Morgen	**la mañana**
Nachmittag	**la tarde**
Abend	**la tarde**
gestern	**ayer**
heute	**hoy**
morgen	**mañana**
hier	**aquí**
dort	**allí**
Was?	**¿Qué?**
Wann?	**¿Cuándo?**
Warum?	**¿Por qué?**
Wo?	**¿Dónde?**
groß	**grande**
klein	**pequeño**
heiß	**caliente**
kalt	**frío**
gut (Adj.)	**bueno**
gut (Adv.)	**bien**
schlecht	**malo**
genug	**bastante**
offen	**abierto**
geschlossen	**cerrado**
links	**izquierda**
rechts	**derecha**
geradeaus	**todo recto**
nahe	**cerca**
weit	**lejos**
oben	**arriba**
unten	**abajo**
früh	**temprano**
spät	**tarde**
Eingang	**entrada**
Ausgang	**salida**
Toilette	**lavabos, servicios**
mehr	**más**
weniger	**menos**

Nützliche Redewendungen

Wie geht es Ihnen?	**¿Cómo está usted?**
Sehr gut, danke.	**Muy bien, gracias.**
Schön, Sie zu treffen.	**Encantado de conocerle.**
Bis bald.	**Hasta pronto.**
Das ist gut.	**Está bien.**
Wo ist/sind ...?	**¿Dónde está/están ...?**
Wie viele Meter/Kilometer sind es bis ...?	**Cuántos metros/kilómetros hay de aquí a ...?**
Wo geht es nach ...?	**¿Por dónde se va a ...?**
Sprechen Sie Deutsch/Englisch?	**¿Habla alemán/inglés?**
Ich verstehe nicht.	**No comprendo.**
Können Sie bitte etwas langsamer sprechen?	**¿Puede hablar más despacio por favor?**
Tut mir leid.	**Lo siento.**

Shopping

Wie viel kostet das?	**¿Cuánto cuesta esto?**
Ich hätte gern ...	**Me gustaría ...**
Haben Sie ...?	**¿Tienen ...?**
Ich schaue mich nur um.	**Sólo estoy mirando.**
Akzeptieren Sie Kreditkarten?	**¿Aceptan tarjetas de crédito?**
Um wie viel Uhr öffnen Sie?	**¿A qué hora abren?**
Um wie viel Uhr schließen Sie?	**¿A qué hora cierran?**
Dieses hier.	**Éste**
Das dort.	**Ése**
teuer	**caro**
billig	**barato**
Größe (Kleider)	**talla**
Größe (Schuhe)	**número**
weiß	**blanco**
schwarz	**negro**
rot	**rojo**
gelb	**amarillo**
grün	**verde**
blau	**azul**
Antiquitätenladen	**la tienda de antigüedades**
Bäckerei	**la panadería**
Bank	**el banco**
Buchhandlung	**la librería**
Metzger	**la carnicería**
Konditorei	**la pastelería**
Apotheke	**la farmacia**
Fischladen	**la pescadería**
Gemüseladen	**la frutería**
Lebensmittelladen	**la tienda de comestibles**
Friseur	**la peluquería**
Markt	**el mercado**
Zeitungskiosk	**el kiosko de prensa**
Postamt	**la oficina de correos**
Schuhladen	**la zapatería**
Supermarkt	**el supermercado**
Tabakladen	**el estanco**
Reisebüro	**la agencia de viajes**

Sehenswürdigkeiten

Museum	**el museo**
Kathedrale	**la catedral**
Kirche	**la iglesia/la basílica**
Garten	**el jardín**
Bibliothek	**la biblioteca**

Kunstgalerie	**la galería de arte**
Fremdenverkehrsbüro	**la oficina de turismo**
Rathaus	**el ayuntamiento**
wegen Ferien geschlossen	**cerrado por vacaciones**
Busbahnhof	**la estación de autobuses**
Bahnhof	**la estación (de trenes)**

Im Hotel

Haben Sie ein Zimmer frei?	**¿Tiene una habitación libre?**
Doppelzimmer mit Doppelbett	**habitación doble con cama de matrimonio**
Doppelzimmer mit zwei Betten	**habitación con dos camas**
Einzelzimmer	**habitación individual**
Zimmer mit Bad	**habitación con baño**
Dusche	**ducha**
Portier, Hotelboy	**el botones**
Schlüssel	**la llave**
Ich habe ein Zimmer reserviert.	**Tengo una habitación reservada.**

Im Restaurant

Haben Sie einen Tisch für ...?	**¿Tiene mesa para ...?**
Ich möchte einen Tisch reservieren.	**Quiero reservar una mesa.**
Die Rechnung, bitte.	**La cuenta, por favor.**
Ich bin Vegetarier/in.	**Soy vegetariano/a.**
Kellnerin/Kellner	**camarera/camarero**
Speisekarte	**la carta**
Tagesmenü	**menú del día**
Weinkarte	**la carta de vinos**
Glas	**un vaso**
Flasche	**una botella**
Messer	**un cuchillo**
Gabel	**un tenedor**
Löffel	**una cuchara**
Frühstück	**el desayuno**
Mittagessen	**la comida/el almuerzo**
Abendessen	**la cena**
Hauptgericht	**el primer plato**
Vorspeisen	**los entremeses**
Tagesgericht	**el plato del día**
Kaffee	**el café**
blutig (Fleisch)	**poco hecho**
medium (Fleisch)	**medio hecho**
durch (Fleisch)	**muy hecho**

Auf der Speisekarte

al horno	gebacken
asado	gebraten
el aceite	Öl
las aceitunas	Oliven
el agua mineral sin gas/con gas	Mineralwasser ohne/mit Kohlensäure
el ajo	Knoblauch
el arroz	Reis
el azúcar	Zucker
la carne	Fleisch
la cebolla	Zwiebel
el cerdo	Schweinefleisch
la cerveza	Bier
el chocolate	Schokolade
el chorizo	Paprikawurst
el cordero	Lamm
el fiambre	kalter Braten
frito	frittiert
la fruta	Frucht, Obst
los frutos secos	Dörrobst
las gambas	Garnelen
el helado	Eiscreme
el huevo	Ei
el jamón serrano	Räucherschinken
el jerez	Sherry
la langosta	Hummer
la leche	Milch
el limón	Zitrone
la limonada	Limonade
la mantequilla	Butter
la manzana	Apfel
los mariscos	Meeresfrüchte
la menestra	Gemüseeintopf
la naranja	Orange
el pan	Brot
el pastel	Kuchen
las patatas	Kartoffeln
el pescado	Fisch
la pimienta	Pfeffer
el plátano	Banane
el pollo	Hühnchen
el postre	Dessert
el queso	Käse
la sal	Salz
la salsa	Sauce
seco	trocken
el solomillo	Filet, Roastbeef
la sopa	Suppe
la tarta	Pastete/Kuchen
el té	Tee
la ternera	Rind
el vinagre	Essig
el vino blanco	Weißwein
el vino rosado	Roséwein
el vino tinto	Rotwein

Zahlen

0	**cero**
1	**uno**
2	**dos**
3	**tres**
4	**cuatro**
5	**cinco**
6	**seis**
7	**siete**
8	**ocho**
9	**nueve**
10	**diez**
11	**once**
12	**doce**
13	**trece**
14	**catorce**
15	**quince**
16	**dieciséis**
17	**diecisiete**
18	**dieciocho**
19	**diecinueve**
20	**veinte**
50	**cincuenta**
100	**cien**
500	**quinientos**
1000	**mil**

Zeit

eine Minute	**un minuto**
eine Stunde	**una hora**
eine halbe Stunde	**media hora**
Montag	**lunes**
Dienstag	**martes**
Mittwoch	**miércoles**
Donnerstag	**jueves**
Freitag	**viernes**
Samstag	**sábado**
Sonntag	**domingo**

Sprachführer Valencianisch

Im Notfall

Hilfe!	**Auxili!**
Halt!	**Pareu!**
Rufen Sie einen Arzt!	**Telefoneu un metge!**
Rufen Sie einen Krankenwagen!	**Telefoneu una ambulància!**
Rufen Sie die Polizei	**Telefoneu la policia!**
Rufen Sie die Feuerwehr!	**Telefoneu els bombers!**
Wo ist das nächste Telefon?	**On és el telèfon més proper?**
Wo ist das nächste Krankenhaus?	**On és l'hospital més proper?**

Grundwortschatz

Ja	**Si**
Nein	**No**
Bitte	**Per favor**
Danke	**Gràcis**
Entschuldigung	**Perdó**
Hallo!	**Hola!**
Guten Tag (vorm./nachm.)	**Bon dia/tarda**
Guten Abend	**Bon vespre**
Gute Nacht	**Bona nit**
Auf Wiedersehen	**Adéu**
Morgen (Tageszeit)	**es matí**
Nachmittag	**sa tarda**
Abend	**es vespre**
gestern	**ahir**
heute	**avui**
morgen	**demà**
hier	**aquí**
dort	**allà**
Was?	**Què?**
Wann?	**Quan?**
Warum?	**Per què?**
Wo?	**On?**
groß	**gran**
klein	**petit**
heiß	**calent**
kalt	**fred**
gut (Adj.)	**bo**
gut (Adv.)	**bé**
schlecht	**dolent**
genug	**bastant**
offen	**obert**
geschlossen	**tancat**
links	**esquerra**
rechts	**dreta**
geradeaus	**recte**
nahe	**a prop**
weit	**lluny**
oben/über	**a dalt**
unten/unter	**a baix**
früh	**aviat**
spät	**tard**
Eingang	**s'entrada**
Ausgang	**sa sortida**
Toilette	**lavabos/serveis**
mehr	**més**
weniger	**menys**

Nützliche Redewendungen

Wie geht's?	**Com està?**
Sehr gut, danke.	**Molt bé, gràcis.**
Erfreut, Sie zu sehen.	**Molt de gust.**
Bis bald.	**Fins aviat.**
Das ist schön.	**Està bé.**
Wo ist/sind ...?	**On és/són ...?**
Wie viele Meter/Kilometer sind es bis ...?	**Quants metres/kilòmetres hi ha d'aquí a ...?**
Wo geht es nach ...?	**Per on es va a ...?**
Sprechen Sie Deutsch/Englisch?	**Parla alemany/anglès?**
Ich verstehe nicht.	**No l'entenc.**
Könnten Sie bitte etwas langsamer sprechen?	**Pot parlar més a poc a poc, per favor?**
Tut mir leid.	**Ho sento.**

Shopping

Wie viel kostet das?	**Quant costa això?**
Ich hätte gern ...	**M'agradaria ..**
Haben Sie ...?	**Tenen ...?**
Ich möchte erst schauen, danke.	**Només estic mirant, gràcis.**
Akzeptieren Sie Kreditkarten?	**Accepten targes de crèdit?**
Um wie viel Uhr öffnen Sie?	**A quina hora obren?**
Um wie viel Uhr schließen Sie?	**A quina hora tanquen?**
Dieses hier.	**Aquest.**
Das dort.	**Aquell.**
teuer	**car**
billig	**bé de preu/barat**
Größe (Kleidung)	**talla/mida**
Größe (Schuhe)	**número**
weiß	**blanc**
schwarz	**negre**
rot	**vermell**
gelb	**groc**
grün	**verd**
blau	**blau**
Antiquitätenladen	**antiquari/botiga d'antiguitats**
Bäckerei	**es forn**
Bank	**es banc**
Buchhandlung	**sa llibreria**
Metzger	**sa carnisseria**
Konditorei	**sa pastisseria**
Apotheke	**sa farmàcia**
Fischladen	**sa peixateria**
Gemüseladen	**sa fruiteria**
Lebensmittelladen	**sa botiga de cueviures**
Friseur	**sa perruqueria**
Markt	**es mercat**
Zeitungskiosk	**es quiosc de premsa**
Postamt	**oficina de correus**
Schuhladen	**sa sabateria**
Supermarkt	**es supermercat**
Tabakladen	**s'estanc**
Reisebüro	**agència de viatges**

Sehenswürdigkeiten

Museum	**es museu**
Kathedrale	**sa catedral**
Kirche	**s'església/la basílica**
Garten	**es jardí**
Bibliothek	**sa biblioteca**
Kunstgalerie	**sa galeria d'art**
Fremdenverkehrsbüro	**s'oficina de turisme**
Rathaus	**s'ajuntament**
wegen Ferien geschlossen	**tancat per vacances**
Busbahnhof	**s'estació d'autobusos**
Bahnhof	**s'estació de tren**

Im Hotel

Haben Sie ein Zimmer frei?	**Tenen una habitació lliure?**
Doppelzimmer mit Doppelbett	**habitació doble amb llit de matrimoni**
Zweibettzimmer	**habitació amb dos llits**

Einzelzimmer	**habitació individual**
Zimmer mit Bad	**habitació amb bany**
Dusche	**dutxa**
Portier	**el grum**
Schlüssel	**la clau**
Ich habe ein Zimmer reserviert.	**Tinc una habitació reservada.**

Im Restaurant

Haben Sie einen Tisch für ...?	**Tenen taula per ...?**
Ich möchte einen Tisch reservieren.	**Voldria reservar una taula.**
Die Rechnung, bitte.	**El compte, per favor.**
Ich bin Vegetarier.	**Sóc vegetarià / vegetariana.**
Kellner / Kellnerin	**cambrer / cambrera**
Speisekarte	**la carta**
Tagesmenü	**menú del dia**
Weinkarte	**la carta de vins**
Glas	**un got / una copa**
Flasche	**una ampolla**
Messer	**un ganivet**
Gabel	**una forquilla**
Löffel	**una cullera**
Frühstück	**s'esmorzar**
Mittagessen	**es dinar**
Abendessen	**es sopar**
Hauptgericht	**es primer plat**
Vorspeisen	**entrants**
Tagesgericht	**es plat del dia**
Kaffee	**es cafè**
blutig	**poc fet**
medium	**al punt**
durchgebraten	**molt fet**

Auf der Speisekarte

aigua mineral amb / sense gas	Mineralwasser mit / ohne Kohlensäure
al forn	gebacken
all	Knoblauch
arròs	Reis
botifarres	Würste
carn	Fleisch
ceba	Zwiebel
cervesa	Bier
embotit	kalter Braten
formatge	Käse
fregit	gebraten
fruita	Obst
fruita seca	Dörrobst
gambes	Garnelen
gelat	Eiscreme
llagosta	Hummer
llet	Milch
llimona	Zitrone
llimonada	Limonade
mantega	Butter
marisc	Meeresfrüchte
menestra	Gemüseeintopf
oli	Öl
olives	Oliven
ou	Ei
pa	Brot
pastís	Kuchen
patates	Kartoffeln
pebre	Pfeffer
peix	Fisch
pernil salat serrà	Räucherschinken
plàtan	Banane
pollastre	Huhn
poma	Apfel
porc	Schwein
postres	Dessert
rostit	Braten
sal	Salz
salsitxes	Würstchen
sec	trocken
sopa	Suppe
sucre	Zucker
taronja	Orange
torrades	Toast
vedella	Rind
vi blanc	Weißwein
vi negre	Rotwein
vi rosat	Roséwein
vinagre	Essig
xai/be	Lamm
xocolata	Schokolade
xoriç	rote Wurst

Zahlen

0	**zero**
1	**un / una**
2	**dos / dues**
3	**tres**
4	**quatre**
5	**cinc**
6	**sis**
7	**set**
8	**vuit**
9	**nou**
10	**deu**
11	**onze**
12	**dotze**
13	**tretze**
14	**catorze**
15	**quinze**
16	**setze**
17	**disset**
18	**divuit**
19	**dinou**
20	**vint**
21	**vint-i-un**
30	**trenta**
40	**quaranta**
50	**cinquanta**
60	**seixanta**
70	**setanta**
80	**vuitanta**
90	**noranta**
100	**cent**
101	**cent un**
1000	**mil**

Zeit

eine Minute	**un minut**
eine Stunde	**una hora**
eine halbe Stunde	**mitja hora**
Montag	**dilluns**
Dienstag	**dimarts**
Mittwoch	**dimecres**
Donnerstag	**dijous**
Freitag	**divendres**
Samstag	**dissabte**
Sonntag	**diumenge**

Je nachdem, wo in der Region Valencia Sie sich befinden, ist auf Schildern die kastilische oder die valencianische Variante zu lesen:

Deutsch	Kastilisch	Valencianisch
Allee	Avenida	Avinguda
Strand	Playa	Platja
Kap	Cabo	Cap
Burg	Castillo	Castell
Markt	Mercado	Mercat
Museum	Museo	Museu
Platz	Plaza	Plaça
Straße	Calle	Carrer